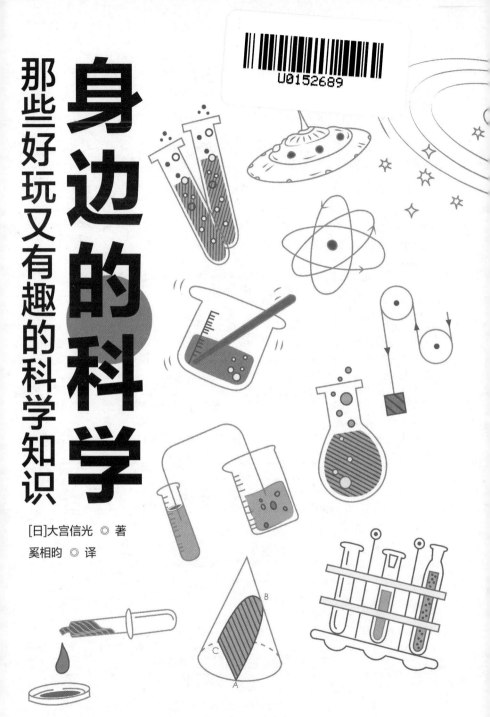

身边的科学

那些好玩又有趣的科学知识

[日]大宫信光 ◎ 著

奚相昀 ◎ 译

人民邮电出版社

北京

图书在版编目（CIP）数据

身边的科学：那些好玩又有趣的科学知识／（日）大宫信光著；奚相昀译. — 北京：人民邮电出版社，2024.4
ISBN 978-7-115-62584-7

Ⅰ. ①身… Ⅱ. ①大… ②奚… Ⅲ. ①科学知识－普及读物 Ⅳ. ①Z228

中国国家版本馆CIP数据核字（2023）第163007号

版权声明

内 容 提 要

　　科学一直在不断向前发展，它的每一次进步都给我们的生活带来不容忽视的变化。本书既介绍了十分经典的基础科学知识，也介绍了较热门的前沿科学知识。作者对相关知识点的介绍既不会太艰深以致读者望而却步，又能让读者一窥全貌。本书选取的都是比较有趣的、和生活密切相关的，或是当下比较热门的话题，例如，笨重的飞机为何能飞上天空，跑车为何能瞬间加速，从五感而来的物理定律、支配宇宙的物质和第6次大灭绝等。

　　本书适合对日常现象背后的科学知识和一些前沿科技感兴趣的读者阅读。

　◆ 著　　　　　［日］大宫信光
　　 译　　　　　奚相昀
　　 责任编辑　　张天怡
　　 责任印制　　王 郁　陈 犇
　◆ 人民邮电出版社出版发行　　北京市丰台区成寿寺路 11 号
　　 邮编　100164　　电子邮件　315@ptpress.com.cn
　　 网址　https://www.ptpress.com.cn
　　 涿州市京南印刷厂印刷
　◆ 开本：880×1230　1/32
　　 印张：4　　　　　　　　　　　　2024 年 4 月第 1 版
　　 字数：90 千字　　　　　　　　 2024 年 4 月河北第 1 次印刷
　　 著作权合同登记号　图字：01-2019-3096 号

定价：39.80 元
读者服务热线：(010)81055410　印装质量热线：(010)81055316
反盗版热线：(010)81055315
广告经营许可证：京东市监广登字 20170147 号

目录

第 **3** 章　改变世界的 先进科技

第 4 章　化学的基础 物质的变化

第 5 章　生命探秘 地球和宇宙之谜

第 1 章

展望 22 世纪
最新的科学理论

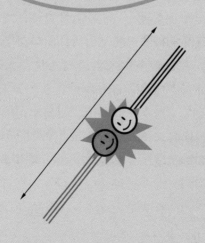

由对银河的憧憬引发的大发现
iPS 细胞

诱导多能干细胞（induced Pluripotent Stem cell，iPS cell，即 iPS 细胞）可以把从机体自身皮肤等处提取的细胞培养成各种内脏器官，这一发现与我们幼时对银河的憧憬和逆向思维息息相关。iPS 细胞是否能让人返老还童、长生不老呢？

大村智和山中伸弥的共同点

荣获 2015 年诺贝尔生理学或医学奖的大村智的一生可谓一波三折，这一点与 2012 年获得该奖的山中伸弥很相似。

大村从地方大学（山梨大学）毕业后，成为东京墨田工业高校（高中）的一名定时制 ① 老师。他后来在东京理科大学研究生院攻读化学，之后又赴美深造。

山中也同样进入地方大学（神户大学）学习医学，并立志成为一名整形外科医生。他中学时期曾学习柔道，大学时期打过橄榄球（大村则选择了滑冰）。橄榄球运动员因比赛受伤而终身卧病在床的事时有发生，他也经常骨折。山中刻苦地研究整形外科中的疑难杂症。在大阪市立大学研究生院完成药理学的学业之后，他又前往美国格拉德斯通研究所学习。

大村和山中两人都很好地利用了留美学习的机会，他们的这段人生经历也很相似。

大村在回国前被告知，即使回到日本也得不到研究经费，于是

---

① 在日本，定时制指规定一年中最少上课的日数，以及利用夜间或农闲期学习的教育制度。这里主要指非全日制高中，即高中夜校。

便辗转于美国各大制药公司，询问他们是否愿意与自己合作研发药物。当时，对人体疾病治疗药物的研发之风非常盛行，大村虽然把目标瞄准于此，但最终研发出来的却是动物用药。该药是大村与美国的大型制药公司共同研发的，对治疗猫狗的病症非常有效，也具有很高的经济效益。"即使专门研发动物用药的人，也未必如他一般成功"，他的这段经历与山中如出一辙。

回国后，山中被奈良先端科学技术大学院大学录用，成了一名助理教授。当时胚胎干细胞（Embryonic Stem cell，ES cell，即 ES 细胞）的主流研究方向是将 ES 细胞分化为各种类型的细胞。在这所大学，他面临诸多强有力的竞争对手。

山中领导的研究室"势单力薄"，在激烈的竞争中毫无胜算，于是他把研究对象转向细胞分化的逆过程。山中的这种逆向思维，和大村也是一样的。

对银河的无限憧憬

山中在中学时期阅读最多的就是科幻小说，特别是讲述宇宙英雄佩利·罗丹的故事的一系列作品。这些作品在德国以周刊、在日本以月刊的形式发行，深受读者喜爱。

小说讲述了登月宇航员罗丹利用"细胞淋浴"这一细胞活性装置获得不老不死之身的故事，描绘了星际帝国跌宕起伏的建立过程。罗丹使用的能够返老还童的细胞活性装置的技术原理与 iPS 细胞制造技术很相似。山中表示，等他有了空余时间，一定要重读罗丹的故事。

也许山中的内心深处依旧埋藏着对银河的无限憧憬吧！

阻挡前路的巨壁

从美国回来之后，山中一直对自己所处的恶劣研究环境感到苦恼，正巧此时从美国传来了一个令人震惊的消息：ES 细胞培育成功（本页图①）。

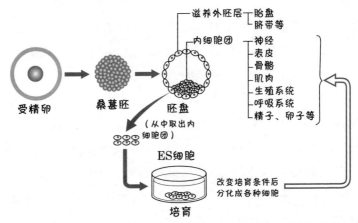

受精卵在发育成胎儿的过程中不断进行细胞分裂，首先逐渐发育成胚泡，然后进入子宫，进一步分裂和分化，发育成胚胎，并在怀孕 8 周左右发育成胎儿，胎儿通过胎盘和脐带与母体进行物质交换。胚盘呈球状，直径为 15 ～ 20 厘米，其中含有内细胞团。取出内细胞团，放在非分化环境下培育，就能获得 ES 细胞。

图① ES 细胞形成过程

如果将 ES 细胞运用到医疗领域，会产生伦理与排斥反应两大问题。

为了解决这两大问题，山中决定从人体皮肤等处提取与 ES 细胞特性相似的细胞。他的这一举动颠覆了医学界的认知，可以说是一次非常大胆的尝试。

山中认为：皮肤细胞与 ES 细胞都拥有能制造出完整细胞的染色体组，而二者的不同之处就存在于染色体的标记中。找出 ES 细胞的染色体标记，将其植入皮肤细胞内，就能将皮肤细胞"初始化"，从而获得与 ES 细胞相似的"万能细胞"。

4 种转录因子能使细胞"返老还童"

研究人员借助计算机的力量，最终从大量候补标记中找到 4 种转录因子（本页图②）。将它们植入皮肤细胞后，皮肤细胞能被"初始化"，恢复活力，变成可以无限增殖的 iPS 细胞。

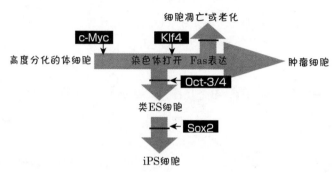

转录因子是一种能识别和结合启动子、增强子或 DNA 特定序列而调控基因表达的蛋白质分子。转录因子能控制生物所需蛋白质的合成，在生物适应周边环境的过程中发挥着重要作用。

*细胞凋亡：由基因控制的细胞自主按一定程序死亡的过程。

图② 4 种转录因子的影响

如果细胞能够"返老还童"、永葆活力的话，那由细胞组成的各个器官是不是也能拥有同样的特征呢？但是，一个成年人的体内有 40 万亿 ~ 60 万亿（一说 100 万亿）个细胞，这些细胞之间的连接和组成也十分复杂。因此，事情并没有那么简单，山中也坚持慎重行事。然而，希望之光却向着银河不断延伸。

4 种转录因子

山中利用新的方法将 4 种转录因子（Oct-3/4、c-Myc、Sox2、Klf4）植入小鼠的皮肤细胞中，两周后形成了"万能细胞"。这种"万能细胞"虽与 ES 细胞相似，但是类型不同，因此被命名为 iPS 细胞。它是日本研究者研发的新型"万能细胞"，但离临床应用仍有较远的距离。因为无须使用受精卵，所以使用 iPS 细胞不会产生伦理问题。

第 4 代光源 LED 灯是在陨石中发现的 LED

发光二极管（Light Emitting Diode，LED）是一种寿命长、成本低的半导体器件，广泛用于家用照明和交通信号灯的制作。不仅如此，它还能用作计算机、智能手机等的背光源。

半导体"模棱两可"的特性造就的可能性

LED 是一种半导体二极管，具有单向导电性，能将交流电变为直流电。

江崎玲于奈发现了与真空二极管性能相似的半导体二极管，他因此获得了 1973 年的诺贝尔物理学奖。现在人们已经基本不用真空二极管了，我们平常所说的二极管大多指半导体二极管。

半导体具有导电性，它既不是金属类的导体，也不是绝缘体，而是一种导电性介于导体和绝缘体之间的材料。半导体具有"模棱两可"的特性，所以，导体、半导体、绝缘体三者并不是绝对的。在一定条件下，半导体能变成导体或者绝缘体。正因为如此，半导体才拥有无限可能性。

价电子和自由电子

电子中有价电子和自由电子。价电子能与其他原子相互作用形成化学键。自由电子是可以摆脱原子核的束缚自由移动的电子（下页图①）。与价电子相比，自由电子的活性更强、能量更高。

当价电子从外界获得足够的热能或光能，就可以摆脱化学键的束缚，变成自由电子。此时，价电子原来所处的位置就会产生空位，我们把这个空位称为"空穴"（下页图②）。

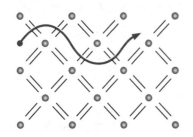
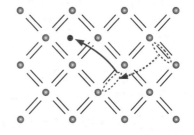

●是原子，●是能随意移动的自由电子，—是指能与其他原子相互作用的电子。●是导带中的电子，—是价带中的电子（称为价电子）。

价电子（—）飞出去后，就会变成自由电子（●）开始活动，它原来所在的位置会形成一个空穴（⬚）。

图①   图②

自由电子和价电子

电子从易形成空穴的 P 型半导体（P 区）往价电子多的 N 型半导体（N 区）移动时会吸收光能。相反，电子从 N 型半导体往 P 型半导体移动的时候能释放光能，而 LED 能利用它释放的光能（本页图③）。

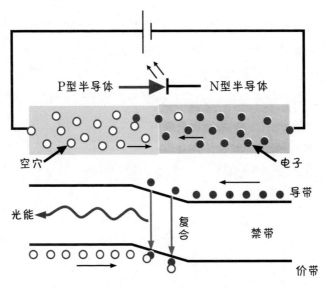

图③　LED 的发光原理

13

LED 能根据 N 型半导体和 P 型半导体能量状态的不同（能量差），发出红、橙、黄、绿、蓝、靛、紫 7 种颜色的光。

LED 的历史异常久远。20 世纪初，人们发现，半导体材料碳化硅在通入电流之后会发光。然而，经典物理学中的麦克斯韦电磁理论并不能解释物质内部的电子活动与发光现象之间的关系。

后来，量子力学诞生了。在此基础上，20 世纪 60 年代，红光 LED 问世；20 世纪 70 年代，绿光、黄光 LED 出现。但是想要发明出蓝光 LED 却是一件很难的事情。

最终成功研制出高性能、持续稳定发光的蓝光 LED，并且实现量产的是日本科学家赤崎勇、天野浩和美籍日裔科学家中村修二，他们也因此荣获 2014 年的诺贝尔物理学奖。

碳化硅的重要性

照明的历史可以追溯到使用火把和蜡烛的时代，它们可以称得上第 1 代光源；第 2 代和第 3 代光源分别是电灯和荧光灯；而第 4 代光源——LED 灯，是传统照明的"终结者"。

作为第 1 代 LED 原材料而备受瞩目的碳化硅在 20 世纪初叶只能在陨石中发现少许。21 世纪的今天，碳化硅不仅可以人工制成，而且已经成为电力电子技术应用的关键。

电力电子技术是指电力的运输，是对电能进行变换、控制和供给的技术。当然，LED 没有电源是无法发光的。人们在追求 LED 节能、高效的经济性，以及小型、轻量、高性能的便利性的同时，也期待能消除它的不稳定因素，不断提升它的品质。碳化硅就处于电力电子领域的核心位置。

为什么 LED 能发光?

半导体晶片由两部分组成:一端是 P 型半导体,在它里面空穴占主导地位;另一端是 N 型半导体,在这边主要是电子。当这两种半导体连接起来的时候,它们之间会形成一个 PN 结晶片。当电流通过导线作用于这个晶片时,电子就会被推向 P 型半导体的区域,在这个区域里电子跟空穴复合,然后就以光的形式释放能量。

地球变暖是飞机云的错吗
卷云和银河宇宙线

喷气式飞机产生的飞机云（术语为飞机尾迹）会引发高层卷云，对地球变暖产生影响。

卷云和银河宇宙线与太阳的关系

2001 年 9 月 11 日，美国发生 "9·11" 恐怖袭击事件，全美 3 天内禁止飞行。美国这段时期的温度，与频繁使用飞机时期的温度相比，降低了 1.2 摄氏度。9 月 12 日，少数军用机和运输机投入运行，6 架飞机在短短几小时内就引发了多达 2 万平方千米的卷云。

卷云会反射从地球表面发出的红外辐射，辐射具有加热作用，热量被滞留在大气层内。另外，卷云还有冷却作用：卷云可以反射太阳的辐射，使到达地球表面的辐射减少，从而使温度降低。但是，相关科学家还不能明确解释哪个作用效果更显著。

太阳表面出现的黑子，在局部拥有很强的磁场，能激发太阳表面的活性。历史上也曾有过太阳黑子几乎不出现的时期，那就是 1645—1715 年的蒙德极小期[1]。在此期间，全球气温下降，北欧等地的小麦和马铃薯等农作物歉收，导致粮食短缺，人们免疫力下降。另外，这段时间传染病流行，约 100 万人因传染病丧生。

地球处于太阳的磁场中，太阳的磁场通常有屏蔽作用，可以防止银河宇宙线侵入地球。一旦太阳活动减弱，太阳的磁场也会变弱，此时银河宇宙线就会趁机侵入地球，冲破大气层，促进大气成分的离子化[2]，导致水蒸气凝结[3]，低层云变得容易扩散，反

---

[1] 蒙德极小期（Maunder minimum）是指太阳活动非常衰微的时期，持续时间长达不可思议的 70 年，此时也恰好是地球的小冰期，但二者是否有关联仍然没有定论。
[2] 中性原子或者原子团变成离子的现象。
[3] 空气中的水蒸气形成云或雾，以及饱和蒸汽等凝结。

射太阳的辐射，从而使地球温度降低（右图）。

不仅如此，银河宇宙线还会进入地球内部，造成岩浆翻涌，成为火山爆发的导火线。火山灰云一旦进入平流层，就会水平流动，覆盖正对的地球表面，使地球变冷。

负责气候变化问题的政府间气候变化专门委员会（Intergovernmental Panel on Climate Change，IPCC）正面否定了银河宇宙线的作用。二氧化碳和甲烷等温室气体导致地球变暖，银河宇宙线导致地球变冷，喷气式飞机飞行时会形成人造卷云导致地球变暖，这些问题在今后会有怎样的影响，这些影响又会导致何种后果，这些是 IPCC 关注的重点。

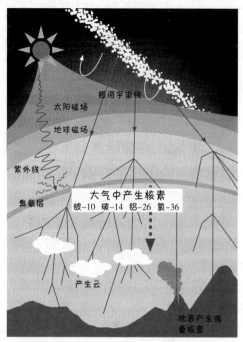

太阳磁场
银河宇宙线
地球磁场
紫外线
臭氧层

大气中产生核素
铍-10 碳-14 铝-26 氯-36

产生云
地表产生微量核素

太阳活动较为活跃的时期，太阳磁场的强度会变大，银河宇宙线到达地球大气层的能力会变弱，使得铍-10 和碳-14 的生成率降低。弄清铍-10 的增减规律，是了解太阳活动变化的关键。

银河宇宙线和大气的相互作用

银河宇宙线的形成

仅银河系中就存在约 2000 亿颗恒星，恒星在核聚变的材料用尽之时就会消亡，大的恒星在消亡时会发生大爆炸，爆炸时产生的冲击波会加速带电粒子的运动，形成银河宇宙线。

宇宙是人类的希望，野生动物是地球的希望
第 6 次大灭绝

在地球生命的演化过程中，存在着极为稳定的时期和极为罕见的生物灭绝时期，这两个时期不断更迭。如今，第 6 次大灭绝也悄然而至。

文明的发展促进了大灭绝

在过去约 5 亿年的生命历史中，一共发生过 5 次激烈的大灭绝（下页图）。实际上，如今，第 6 次大灭绝也已经悄然开始了。现代人的一部分祖先，大约在 12 万年前就开始向西南亚迁移，并逐渐扩散到全球各地，导致迁移地的猛犸象和洞熊等大型食草动物逐渐灭绝。到了现代，箭毒蛙、蝾螈、大鲵（俗称娃娃鱼）等两栖动物成了地球上率先濒临灭绝的动物，它们的灭绝率正在大幅度地提高。

其他动物的灭绝率也逐渐逼近两栖动物。1/3 的造礁珊瑚、1/3 的鲨鱼和鳐、1/3 的淡水贝类、1/4 的哺乳动物、1/5 的爬行动物、1/6 的鸟类，以及 1/2 的植物都可能将逐渐从地球上消失。在恐龙所处的中生代，生物灭绝频率为 1000 年一次。如今，地球上每年灭绝的物种高达 4 万种。（伊丽莎白·科尔伯特《大灭绝时代》[1]）

全球化文明发展的现代特征是，在强制物种迁移的同时，又制造了很多迁移障碍，如道路、空地、都市、各种各样的种植园等，这些促进了物种的灭绝。

人类应该保护动物、爱护环境。宇宙才是人类的希望所在，人类与文明的希望都在宇宙中，而地球的希望则在野生动物身上！

---

[1] 原著名为 *The Sixth Extinction: An Unnatural History*。

纪	代	距今的时间 （单位：100万年）	事件
第四纪 新近纪 （晚第三纪） 古近纪 （早第三纪）	新生代	现在 50	冰期开始 最初的大型类人猿出现 南极大陆的冰床、冰河形成 最初的灵长类出现 白垩纪末的灭绝
白垩纪	中生代	100	
侏罗纪			最初的种子植物①出现 最初的鸟类出现
三叠纪		200	三叠纪后期的灭绝
二叠纪			二叠纪末的灭绝
石炭纪	古生代	300	最初的爬行动物出现
泥盆纪		400	泥盆纪后期的灭绝
志留纪			奥陶纪末的灭绝
奥陶纪			最初的陆生生物出现
寒武纪		500	

生命历史上的主要事件（过去大约 5 亿年）

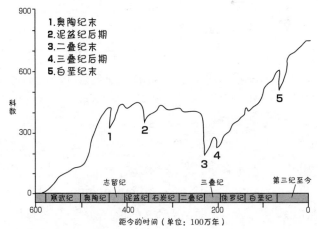

即使某个科仅存一个种，这个科的生物也会被视为尚未灭绝，所以物种实际灭绝的数量远远多于统计的数量。

从海洋化石记录发现的 5 次大灭绝

---

① 开花、结实、依靠种子繁殖的植物的总称。

地球以外有生物吗
宜居带

在今天，有关火星移民计划和地球型行星生命的研究非常热门，人们对地球以外区域的探索也因而火热了起来。

火星上产生生命的概率更高

大阪大学理学研究科的佐伯和人副教授预测：人类可以在火星上建设"太阳系内的第一个城市"。比起只存在海洋环境的早期地球，既有海洋，又有陆地环境的早期火星产生生命的概率更高。构成 DNA 的基础成分——碱基、磷酸和脱氧核糖可以在脱水时结合，这很容易在海水反复涨落的海边实现。这样一来，生命就有可能在早期的火星上诞生。

在类似地球的行星上探索生命

关于生命的起源，有一种比较有影响力的说法，即生命起源于地球深海（热液喷口）周边。如果这种说法成立，那么木星的卫星木卫一[①]及土星的卫星土卫六将备受瞩目。有些卫星的表面被冰覆盖，冰下的海底可能会有海底火山和热液的活动，以及生命。1995 年，人们发现了太阳系以外的第一颗行星（称系外行星）。2009 年，为了在银河系中找到类地行星，美国国家航天局（National Aeronautics and Space Administration，NASA）发射了开普勒望远镜。2015 年，NASA 宣布"夜空中能看见的恒星基本都拥有行星"，其中 15%~20% 都是类地行星。现在，在宜居带中探索生命的研究变得火热，研究者们利用光谱分析系外行

———————

① 木星一号卫星，1610 年由伽利略发现。

星中的大气，如果发现了能证明生命存在的原子或分子，例如氧原子和甲烷共存的"生物标记"的话，那么发现生命的可能性会更高。

土星的卫星土卫二上可能存在热液环境（下图）

　　日本、美国和欧洲一些国家的研究团队证实，被厚冰覆盖的土星卫星土卫二的地下海中，很可能存在生命可以存活的环境，该环境由微观颗粒构成，其中包括直径为几亿分之一米的二氧化硅，而二氧化硅是生命不可或缺的营养的构成物质之一。从土卫二海底的热液喷口可以看出，海水是循环流动的。

土卫二 ① 的内部构造

（提供：美国航天局 / 喷气推进实验室）

---

　　① 土卫二是土星的第六大卫星，也是太阳系中最亮的卫星，于 1789 年被威廉·赫歇尔发现。

支配宇宙的物质
暗物质

　　关于暗物质，我们可以通过观测它的引力对周围环境的影响（即引力效应）来确定它的存在。目前还没有任何方法能直接观测到暗物质，但它已被证实是确实存在的。

宇宙中的不明物质

　　暗物质是一种不明物质。虽然看不见，但它确实存在。

　　首先发现暗物质的是瑞士的天文学家弗里茨·兹威基。他用两种方法测量了由许多星系构成的星系团的质量。

　　一种是利用星系团内星系的光度测量光度质量，另一种是利用星系的速度弥散和位力定理测量动力学质量[①]。因为动力学质量要远远大于光度质量，所以通过计算可以得出，星系团中的暗物质占比为 70% ~ 80%。

　　20 世纪 70 年代，美国的天文学家薇拉·鲁宾认为，只能从仙女星系的旋转中假设暗物质的存在。

　　1986 年，宇宙大尺度结构被发现。宇宙形成大尺度结构所需的时间比根据哈勃定律得出的 100 亿~200 亿年要长得多。

　　仅依靠宇宙的总质量，不足以形成宇宙大尺度结构，暗物质作为补充，是不可或缺的。

---

　　①星系移动得越快，就越需要受到整个星系团引力的约束。因此，整个星系团的动力学质量是通过星系运动速度的平均值求出的。

暗能量的存在

2003 年，NASA 观测宇宙微波背景辐射的威尔金森微波各向异性探测器（Wilkinson Microwave Anisotropy Probe，WMAP）传回的数据显示，即使将全宇宙中所有天体和气体等"可见物质"的质量加起来，所得的总质量也仅占整个宇宙质量的 4 %（下图）。

剩余物质的质量，即使算上暗物质的，也远远不够 96%。因此只能推测，构成宇宙的成分中，还有一部分是 1998 年发现的暗能量。

Ia 型超新星爆发的观测结果表明，宇宙在加速膨胀。暗能量的存在是通过对宇宙膨胀速度的测算而发现的。

主流观点认为，加速宇宙膨胀的是暗能量。宇宙正在膨胀这一观点也让其发现者获得了 2011 年的诺贝尔物理学奖。

此后，详细的观测工作表明，宇宙加速膨胀是在宇宙诞生约 70 亿年后开始的。

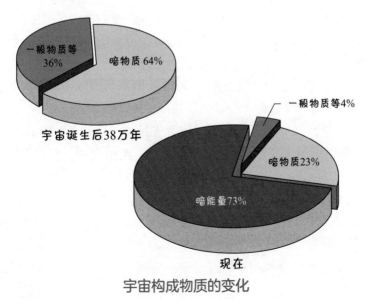

一般物质等 36%
暗物质 64%
宇宙诞生后38万年

一般物质等4%
暗物质23%
暗能量73%
现在

宇宙构成物质的变化

揭露宇宙的本质
希格斯粒子

发现和分析希格斯粒子可以帮助我们解开宇宙之谜，弄清我们从何而来，以及到何处去。

通过大型强子对撞机发现希格斯粒子

希格斯粒子一度被称为"上帝粒子"，是由弗朗索瓦·恩格勒特、彼得·希格斯等 6 位学者在 1964 年提出的。基于 2008 年诺贝尔物理学奖得主南部阳一郎提出的"自发对称性破缺机制"，希格斯粒子对那些没有质量、以光速飞行的粒子来说，是"幽灵"一般的存在，它能让基本粒子获得质量。换言之，希格斯粒子能给予基本粒子质量，使它们的活动变得艰难。

希格斯粒子理论提出之后，研究者们进行了各种证实它存在的实验。2012 年 7 月，欧洲核子研究中心在大型强子对撞机（Large Hadron Collider，LHC）对撞质子的实验中，发现了希格斯粒子。恩格勒特和希格斯因此获得了 2013 年的诺贝尔物理学奖。

LHC 实验是指在周长为 27 千米的圆形坑道中使质子束顺时针和逆时针旋转，在 4 个碰撞点相撞，检测辐射出的粒子。在进行了大约 2×10^{15} 次相撞之后，研究人员终于发现了不到 1000 个候补希格斯粒子（下页图①）。实验分为两组进行，以对照实验结果。

质子束交叉后，必须在瞬间完成对粒子的挑选。此外，即使需要进行严格挑选，也要把握好分寸，因为太严格就摸索不出希格斯粒子的性质，其中的平衡很难掌控。为了挑选出这些稀有的粒子，需要制造一个高性能的测定器。这一项目一共有来自 38 个国家的约 3000 名工作者参与。

图①　希格斯粒子的发现 LHC

　　LHC 实验不仅能弄清质量的起因，而且能揭露暗物质的真面目，还能解开微型黑洞（又称迷你黑洞）之谜。不过，LHC 实验也是有不足之处的。

　　碰撞的质子是较小的粒子的集合，东京大学的村山齐所长是这样描述的："让质子这种粒子相撞就如同让大福饼②相撞一样。"我们真正想看到的是大福饼中的红小豆在相撞之后会变成什么形态，但是大福饼周围总会附着黏糊糊的馅儿。所以，即使让大福饼相撞，也未必能使里面的红小豆撞在一起。因此，我们很难清楚地看到真正想看到的东西。

　　LHC 实验的另一个不足在于 LHC 的形状呈圆形，这会使得粒子在转弯时失去能量，这一点很让人头疼，因此在实验中必须持续给粒子供应巨大的能量。最终，研究人员克服了这些困难，

---

　　① 山手线为东京的通勤铁路路线之一，整条轨道呈环状，路线全长 34.5 千米。

　　② 中间装有豆馅儿的糕饼。

找到了希格斯粒子。

寻找希格斯粒子的伙伴

村山所长指出，希格斯粒子应该会有很多"家人"和"亲戚"。在标准模型中，包括希格斯粒子在内，一共有 61 种粒子。每种粒子都有与它就像镜子中的镜像一样的粒子存在，也就是说，它们是如同影子武士[①]一般的存在。顺藤摸瓜地将它们牵出，则是国际直线对撞机（International Linear Collider，ILC）计划的任务。

ILC 计划是在深 100 米的地下建造一个全长约 30 千米的水平直线加速器，其长度与东京到横滨的距离大致相同。ILC 让质子和正电子以无限接近光速的速度加速相向而行，在中间发生碰撞，使希格斯粒子的"影子"一族公之于众（本页图②）。希格斯粒子的"影子"一族中可能隐藏着暗物质，设计 ILC 的目的就是直接制造这种暗物质。

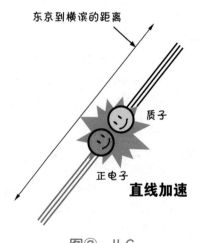

图② 　ILC

①影子武士是指日本古代为蒙蔽敌人而与主将做同样打扮、充当主将替身的武士。

第 2 章

物理的世界

运动、热和电能

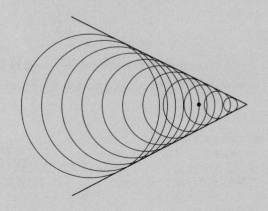

鞭抽式损伤[①] 的原因
牛顿第一定律

只要不受外力的影响，静止的物体可以一直保持静止，进行匀速直线运动的物体也可以一直保持匀速直线运动。

惯性定律的要点是"持续"

牛顿第一定律也称惯性定律。静止的物体，只要不受外力的影响，就可以一直保持静止，这是一个常识。

但奇怪的是，即使不从外部进行任何操作，惯性也能使物体维持它初始的运动状态。之前人们一直认为，如果想要物体持续运动，就必须不断地对其施力。比如马车，只有让马儿跑起来，车子才能行驶。不过，与地面的摩擦力及空气的阻力会导致马车减速，只有克服摩擦力和阻力的影响，马车才能持续动起来。

惯性定律的要点是"持续"。静止的物体都有保持静止状态的倾向、运动的物体都有保持运动状态的倾向，如果想要改变物体的状态，可以施加与其状态倾向相反的力。但是，物体会对这种改变进行抵抗，也就是具有保持原有状态不变的倾向，这一倾向便称为"惯性"。

公交车急刹车的瞬间，站立着的乘客的脚会与公交车地面产生摩擦，从而减速。但是乘客的上半身没有受到外力的影响，在惯性的作用下，会继续以公交车减速前的速度前进。这样一来，乘客上半身和下半身的运动速度就产生了差异，导致在急刹车

---

① 鞭抽式损伤（也称挥鞭性损伤）多见于高速行驶的车辆突然刹车或撞击到相对静止的车辆尾部而突然减速时，车上的乘客因惯性作用，头部在很短的时间内会前后剧烈晃动，引起一系列病症。

时，只有上半身往前倾斜（本页左图）。

让我们来看看汽车在发生追尾事故时突然改变速度的情况。物体的惯性可以用其质量来衡量，质量越大，惯性也越大。这在质量较大、支撑力较弱的头部体现得更加明显，所以在追尾事故中头部会受到鞭抽式损伤。

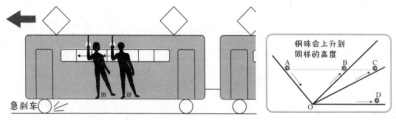

在急刹车的公交车内，依照惯性定律，乘客只有上半身往前移动，即向前倾斜。

惯性定律

通过斜面了解惯性定律

最先发现惯性定律的是伽利略。

在伽利略的实验中，一个钢珠从斜面的某一高度 A 处滚到 O 处后，会沿着另一斜面到达某一高度。理想情况下，在本页右图所示的倾斜角度下，钢珠会到达和 A 处同一高度的 B、C 处。

伽利略推测，如果把斜面放平，变成水平面 OD，则钢珠会因无法到达 A 处的高度而一直保持运动状态，甚至可能会绕地球一周。但是将这一运动视为匀速圆周运动是不正确的。

> ### 发现惯性定律的人
>
> 笛卡儿（1596—1650）完善了伽利略（1564—1642）发现的惯性定律，并将其纳入力学定律的范围内。后来，牛顿（1643—1727）将惯性定律作为运动的第一定律，纳入自己创建的力学体系中。如今我们之所以在惯性定律之前加上"牛顿"二字，可能也是为了表达对牛顿的敬意。

为何跑车能瞬间加速
牛顿第二定律

物体的加速度与作用在物体上的合力成正比，与物体的质量成反比，加速度方向与合力方向一致。

跑车的加速度

跑车能"冲刺"的原因之一是其发动机功能强大，另一个原因是车身较轻。从物理的角度来看，跑车冲刺时，质量一定，它的加速度与发动机的动力成正比，动力越大，加速度越大；动力一定，加速度与它的质量成反比，车身越轻，加速度越大（本页图①）。

牛顿第二定律

上一篇介绍的牛顿第一定律（惯性定律）和接下来要介绍的牛顿第二定律是成对存在的。前者适用于物体不受力的情况，后者适用于物体受力的情况。

大功率下，车身越轻，速度越快。

$$a = \frac{F}{m}$$
或者 $F = ma$

F：作用在物体上的力
m：物体的质量
a：加速度

图① 跑车的加速度

无论是一块砖还是两块砖自由下落，它们的加速度都是相同的（本页图②）。

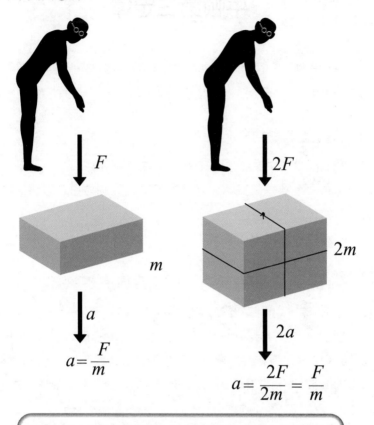

$$a = \frac{F}{m}$$

$$a = \frac{2F}{2m} = \frac{F}{m}$$

无论是让一块砖还是两块绑在一起的砖自由下落，力和质量之比都是一定的，也就是说，加速度是不变的。

图② 自由下落的砖

满员公交车内的互推赛
牛顿第三定律

一个物体若受到另一个物体的力（作用力），那么它同样会对另一个物体产生一个方向相反且大小相等的力（反作用力）。

满员公交车中的科学

满员公交车中，当你被其他乘客推挤的时候，为了不被推倒，你只能拼命地支撑住身体，向被推的方向施加力量，只有这样才能保持身体的平衡。

这是牛顿第三定律的体现。

在任何地方都存在的牛顿第三定律

在这个世界上，只要有力的作用，必然会产生反作用力。鱼用鱼鳍划水，水同样会给鱼一个反作用力，推着它向前游动；风吹得树枝晃动，树枝同样会给风一个反作用力，使风发出"呼呼"的声音；转动的车轮给地面一个力，地面也会给车轮一个反作用力，推动汽车行驶；火箭喷射出气体，气体也会推动火箭前进（下页图）。作用力、反作用力使物体产生加速度时，牛顿第三定律中的外力是很重要的。如果作用力和反作用力存在于"系统"[①]内部，会因为作用力和反作用力的大小相等、方向相反而相互抵消，从而不能在系统内产生加速度。仅在系统受到外力时，作用力和反作用力才不会相互抵消，从而产生加速度。

[①] 具有一定相互作用或者相互关系的物体的集合。

作用力：车轮挤压道路
反作用力：道路推动车轮

作用力：火箭喷射气体
反作用力：气体推动火箭

作用力：
地球牵引着球

反作用力：
球牵引着地球

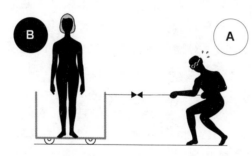

A拉B的时候，B开始加速并运动。同时，B也在拉A。此时B存在于一个独立的系统内，A是从这个系统外对B施加的力，所以作用于B的力和作用于A的力不会抵消。如果想让A和B同时加速，就需要施加一个相对于两者整体而言的外力。例如，让A脚下和地面之间的摩擦力变小，就能使A和B同时运动起来。

两艘船上的人在互相拉绳，如果两艘船移动速度相同的话，那么两边就拥有相同的质量。

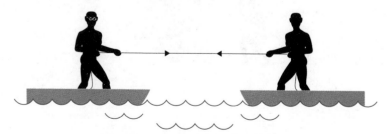

各种作用力、反作用力的案例

力学的黄金定律
功的原理

在借助工具和机器的做功过程中，单纯增强力度或者增加移动距离，不能提高做功量（力方向上的做功量＝力的大小 × 移动距离），因为要省力必须费距离，要省距离必须费力。

省力做功的历史

做功广义上是指人类的能动活动。从物理的角度来说，如果物体受到力的作用，并在力的方向上发生了一段位移，我们就说这个力对物体做了功。人们虽然对物理概念——功的认知比较模糊，但古人早在石器时代就意识到了它的存在。在此期间出现的狩猎采集行为，投、射、抬、提、拉、挑这些动作，只需一人或者两人就能完成，即使工作量较大，集体合作也能完成。农业生产活动出现之后，针对剩余生产物的支配和侵略行为逐渐盛行，人们也开始为统治者建造宫殿和陵墓，这就需要较大规模的劳动力。仅靠人力是很难在规定时间内完成任务的，所以人们开始借助滚棒、楔子、撬棍、滑轮等被称为简单机械[①]的工具（下图）。

功（焦）＝力的大小（牛）× 物体在力的方向上通过的距离（米）

功的原理

——————————

①以改变力的方向和大小为目的而制造的机械。

力学的黄金定律

1829 年，法国的土木工程师、力学家古斯塔夫·科里奥利（1792—1843）提出"功"的概念，将功视为一种物理量。在此之前的 1826 年，法国梅斯炮兵和工程兵学校的力学教授彭赛利（又译为彭赛列）首次把位移与力的投影之积称为"功"，并提出了功的单位（千克力·米，1 千克力·米 ≈9.8 牛·米）。此后，功正式被确定为物理量。

台球选手自然而然使用的定律
动量守恒定律

物体的质量和速度之积叫作物体的动量。一个物体如果不受外力的作用，那这个物体就能保存自身的动量不变。即使在由有相互作用的两个或多个物体组成的系统内，所有动量的总和也保持不变。

物理中的动量

日常生活中，"运动量"一词会被用在这种场合："你这段时间是不是运动量不足？这样是不能减肥的哦！"而在物理的世界中，"运动量"（即动量）的定义则是"质量 × 速度"。做投接棒球练习的时候，球的速度如果很快，接到球的时候手会很疼；相反，如果球的速度不快，手就不会那么疼。要是把棒球换成速度相同的乒乓球，手也不会那么疼。那是因为物体运动的激烈程度或者说趋势，即动量，与物体的质量和速度相关。只要不受外力的影响，物体的动量就能保持不变。

动量守恒在碰撞时产生的作用更加明显。

台球的运动规律

提到碰撞，我们不得不说台球（下页图）。如果 A 球碰到了静止的 B 球，并且是从正后方碰撞（正碰[①]）的话，A 球会静止，而 B 球会以 A 球之前的速度前进。如果不沿着两球球心连线碰撞（斜碰[②]）的话，两球会分别沿球心连线和垂直球心连线两个方向分开运动。因为质量

①亦称"对心碰撞"，物体在相互作用前后都沿着同一直线（即沿着两球球心连线）运动的碰撞。
②亦称"非对心碰撞"，两球在碰撞前不沿两球球心连线相对运动的碰撞。

不变, 根据动量守恒定律, 速度可以通过力的平行四边形定则[1] 求出来。具有大小和方向的量是矢量 (数学领域称为向量), 例如速度、力等。

但是, 在打台球的过程中, 台球选手不仅会用一个球去碰撞静止的球, 有时候还会用一个球去碰撞运动的球, 此时会发生不符合上述例子的情况, 真是非常有意思。

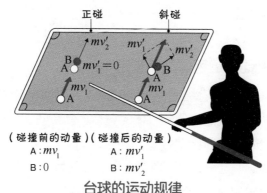

（碰撞前的动量） （碰撞后的动量）
A : mv_1 A : mv'_1
B : 0   B : mv'_2

台球的运动规律

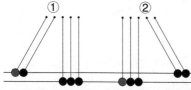

①表示碰撞前, ②表示碰撞后。放下球的数量和弹起球的数量相同, 放下 2 个球, 就会有 2 个球弹起来。

什么是弹性碰撞?

决定台球碰撞前后运动关系的因素还有它们的材质。最初台球是用木材制成的, 后来出现过用象牙制作的台球 (出于对动物的保护和新材料的出现, 后来不再用象牙制作台球), 这种球基本不会变形, 也不会发热。它们之间的碰撞称为弹性碰撞, 可以只通过动量守恒定律来推测它们的运动。

一般情况下, 两个弹性物体之间的碰撞可以用恢复系数 e 来衡量。$e=1$ 时, 为完全弹性碰撞; $e=0$ 时, 为完全非弹性碰撞或者塑性碰撞; $0 < e < 1$ 时, 为非弹性碰撞。$e=1$ 时, 两物体碰撞前后的动能之和不变; $e < 1$ 时, 两物体在碰撞后的动能之和会减少。

另外, 气体中的分子间碰撞, 也属于完全弹性碰撞。

[1] 平行四边形定则指的是两个向量合成时, 以表示这两个向量的线段为邻边作平行四边形, 这个平行四边形的对角线的长度就表示合向量的大小, 对角线的方向即合向量的方向。

使用液压制动器的原因
帕斯卡定律

封闭容器中流体的某一部分发生的压强变化，将大小不变地向各个方向传递。

汽车制动中运用的帕斯卡定律

帕斯卡定律中所提到的流体，是我们平常不太会听到的一个词。总之，流体就是液体和气体的总称，其中的压强是指流体单位面积上受到的压力。

根据帕斯卡定律，如果在 2 平方厘米的表面上施加 19.6 牛的力，那么每平方厘米受到的力为 9.8 牛。如果面积为 100 平方厘米的话，就会受到 980 牛的力（下页图②）。所以，我们能不好好利用这一定律吗？

在现实生活中，帕斯卡定律也被运用于汽车制动中。

汽车的制动器多用液压制动器。

制动是通过施加阻止车轮旋转的力来减慢车轮速度的。有些汽车的制动器虽然也会使用空压制动器，但是一般来说，使用液压制动器的情况比较多。

液压制动器能通过弯曲导管中的油，将驾驶员施加在制动踏板上的力传到制动片[①]上，并且让力的大小变成原来的十几倍，使每个车轮都能均匀受力（下页图①）。

液压千斤顶运用的也是同样的原理。"人是一支有思想的芦苇。"这是布莱兹·帕斯卡的名言。他一定做梦都没想到，自己

---

①制动片，也叫闸瓦。

的想法还能够运用到这些地方。

帕斯卡在 31 岁的时候因一场马车事故进入修道院疗养，从此作为"一支有思想的芦苇"专心进行思考和创作。在发生意外之前，他一直以科学家的身份在活动。

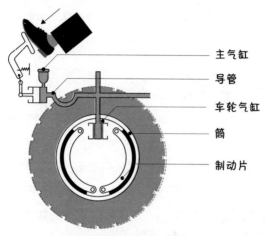

主气缸
导管
车轮气缸
筒
制动片

图① 液压制动器的结构

19.6牛
2平方厘米

980牛
100平方厘米

两边每平方厘米都受到9.8牛的压力

图② 帕斯卡定律

布莱兹·帕斯卡（1623—1662）的实验

伽利略的学生和晚年的助手托里拆利在长1米的玻璃管内灌满水银（学名：汞），将玻璃管的一端密闭，另一端用手指按住，并把玻璃管倒插在盛有水银的槽里。

玻璃管中的水银液面开始下降，最终停在76厘米高的地方。可以认为，水银的高度是由大气压支撑的，这就是气压计的原理。对这一实验颇感兴趣的帕斯卡很快也进行了实验。他让自己的姐夫把这个装置带到了山顶，观测大气压的变化，证明大气压的存在是这一实验的决定性因素。压强的单位帕斯卡（简称帕，符号 Pa）就是以他的名字来命名的。帕斯卡反复进行实验和推论，最终得出了帕斯卡定律。

笨重的飞机为何能飞上天空
伯努利定理

在一个流体系统中，流速越快，流体产生的压强就越小；流速越慢，流体产生的压强就越大。

空气的牵引力

当我们站在车站月台上，旁边有急速行驶的列车通过的时候，我们总会感觉自己像是要被吸进去了一样。

这到底是为什么呢？物体开始运动的时候，空气的黏滞性（空气等流体流动的时候，流体抵抗剪切变形的能力）让物体表面的空气像粘在物体上一样，和物体一起运动，即在一定范围内被牵引的空气和物体一样，会向同一方向运动。

笨重的飞机能飞上天空的原因

急速行驶的列车周围的空气几乎会以和列车相同的速度向相同的方向流动。但是，对站在月台上的人来说，他们周围的空气是静止的，压强也与大气压保持一致。因此，根据伯努利定理（它的通俗表述是：在一个流体系统中，流速越快，流体产生的压强就越小；流速越慢，流体产生的压强就越大；指的是无黏性流体定常流动时，总能量沿流线守恒），列车通过一侧的空气流速较快，该侧压强比另一侧要小，两侧产生的压强差会让我们感觉自己像是要被吸进去一样。

笨重的飞机能飞上天空也是同样的原理。飞机机翼上部的空气流速比下部的要快，上部压强较小，上下部由此产生的压强差会变成升力，使得飞机像是被天空吸上去一样飞了起来（下页图）。

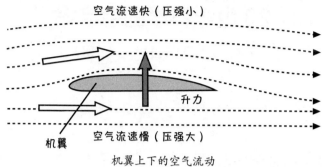

空气流速快（压强小）

升力

机翼   空气流速慢（压强大）

机翼上下的空气流动

流速快，压强小；流速慢，压强大。

笨重的飞机为何能飞上天空

伯努利定理

伯努利定理实际上是流体力学的基本定理之一。公式如下面的方框所示，看起来稍显烦琐。开头提到的"在一个流体系统中，流速越快，流体产生的压强就越小；流速越慢，流体产生的压强就越大"，其实就是根据伯努利定理的公式推导出来的。伯努利定理是由丹尼尔·伯努利在 1738 年提出的。

伯努利定理的公式

$$\rho gh + p + \frac{1}{2}\rho v^2 = C \text{ （常数）}$$

ρ：流体的密度 g：重力加速度

h：距离任一水平面的高度

p：流体的静压 v：流体的速度

20 世纪科学的金字塔
狭义相对论和广义相对论

相对论是关于具有不同运动状态的参考系如何感知同一现象的理论。

狭义相对论的基础是光速不变原理

日常生活中处于静止状态的参考系和相对于某个参照物做匀速直线运动的参考系称为"惯性参考系"。

爱因斯坦提出了狭义相对论，认为一切物理定律在任何惯性参考系中都有效。伽利略提出的相对性原理仅限于力学领域，爱因斯坦则把它扩展到了所有的物理定律中。

另外，爱因斯坦也提出了光速不变原理，并以这个原理为基础，观察了相对于他自身做匀速直线运动的参考系（下页图①），得出以下结论：

①同时性的概念是相对的（即同时的相对性）；

②时间膨胀（一般来说，就是时间过得慢）；

③空间长度缩短（即长度收缩效应）。

然而，无论如何爱因斯坦都找不到一个变换定律，能使牛顿力学定律和麦克斯韦的电磁理论都保持不变。英国诞生了牛顿和麦克斯韦这两位科学家，相对论的提出对牛顿力学和麦克斯韦电磁学提出了挑战。

爱因斯坦认为，相比而言，麦克斯韦的电磁理论更为基础，所以必须完善牛顿力学理论。而在众多完善工作中，最核心的就是质量。当物体运动的速度接近光速时，使物体接近光速的力会增加物体的质量。物体做功过程中会实现能量的转化，而能量和质量是物体的两种属性。因此可以推导出质量和能量守恒定律（等效性）。

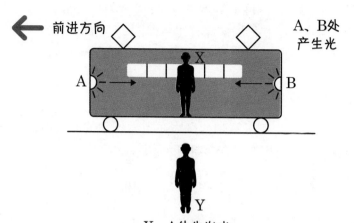

图① 说明光速不变原理的示例

爱因斯坦的奇怪想法

在狭义相对论问世两年后，也就是 1907 年的某一天，爱因斯坦突然冒出这样一种想法："相对论可能是我人生中最伟大的发现。"人如果在重力作用下自由下落的话，可能就不会感受到自身的重量。

在伽利略提出比萨斜塔实验 200 多年后，终于出现了爱因斯坦这样一个人，设想了自由下落的人的状态。

为什么说相对论是爱因斯坦人生中"最伟大的发现"？想象自己站在高处的一个体重秤上，然后你和体重秤从高处自由下落，体重秤将显示零。换句话说，在这种状态下，你可以切身感受到失重，但建议你不要这么做。

爱因斯坦通过两个思想实验（脑海中的实验），也就是切断电梯钢缆，让电梯自由下落，以及以加速度牵引电梯向上运动，发现了"重力和加速度的等效性",即如今的相对论中的内容。平日经常坐电梯的我们应该深有体会:电梯下落时,会有一种轻飘飘的感觉;电梯上升时,则有一种被压在地板上的感觉。

不契合的宇宙论和相对论

从本页图②中可以看到,光线在重力作用的时空内发生弯曲。而且,从拍摄到的日全食期间太阳周围的照片可以看出,观测到的星星的位置与实际情况有所偏离(下页图③)。

爱因斯坦将这种广义相对论应用于宇宙学。但之后他又后悔了,感叹这是他"人生中最大的失败"。

当时的天文学界普遍认为宇宙是静态且不可变的。但是,广义相对论的公式却不能推导出宇宙的不变性。在这之前,爱因斯坦大概都在怀疑这一普遍认知吧!然而,爱因斯坦通过在他的公式中加入一个表达虚拟力的"宇宙项"——宇宙常数,捍卫了宇宙的不变性。

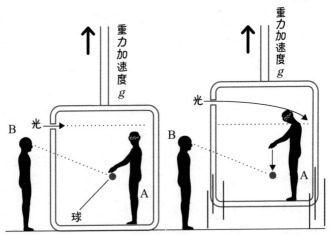

观察者　A:"球以重力加速度g落下,光弯曲射进。"
　　　　　B:"球浮在空中,光直线射进。"

图②　没有重力是怎么回事?

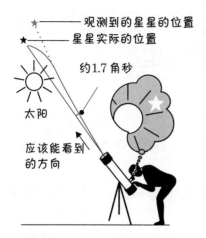

★ ——— 观测到的星星的位置
★ ——— 星星实际的位置

约1.7角秒

太阳

应该能看到
的方向

这也称为"爱因斯坦效应"①

图③　光在引力场中发生偏折

两种理论的不同之处

狭义相对论适用于观察者之间的运动状态为匀速直线运动的情况。也就是说，将观察者设为 A 和 B，A 相对于 B，或 B 相对于 A 做的是匀速直线运动。该理论的最高成就就是 $E=mc^2$。广义相对论适用于观察者之间以任意速度和方向运动的情况。该理论的最高成就是引力透镜效应②。

---

①在天文学中，爱因斯坦效应指光线经过引力场时受到偏折。
②根据广义相对论，当背景光源发出的光从引力场（例如星系、星系团，以及黑洞）附近经过时，光线会像通过透镜一样发生弯折，从而使引力场像透镜那样会聚光线或成像。

尼采的"永恒回归"是基于这个定律
能量守恒定律

封闭系统内的总能量总会保持一定，不会随着时间的改变而改变。

机械能不变

能量有很多种形式，如机械能、电磁能、热能等。发现机械能守恒的是伽利略。

伽利略利用钟摆进行实验（下页图①），发现了钟摆从一点往下运动，来回摆动达到的最高点与起始点的高度一定相同，即钟摆原理。

钟摆处于最高点时，势能最大；因为钟摆在这一瞬间是静止的，所以动能为零。在从最高点往最低点下降的过程中，势能减少，动能增加，在最低点时的势能为零，而动能达到最大。在这个过程中，无论钟摆处于哪个位置，势能和动能的和，也就是机械能，是保持不变的。

这就是机械能守恒定律，水力发电及游乐园的过山车就运用了这一定律（下页图②）。

电磁能的储存

将充电的电容器和线圈并联，随着电流从电容器一侧流向线圈一侧，电容器两极板间的电能逐渐减少，最后变成零。而此时，流向线圈的电流增加，线圈一侧的磁能增加，最后达到最大值。在这个过程中，电能和磁能就像钟摆中的势能和动能一样互相转化，虽然大小会随着时间而改变，但是总和不变。

总能量保持一定

不过，钟摆不可能永远维持运动的状态，总会有停下来的时候。的确如此！在钟摆底部和空气发生摩擦的影响下，钟摆的运动会逐渐减弱，能量也会随之减少，这一部分能量转化成热能散发了，但是这一部分热能包含在总能量中，所以说总能量还是保持不变的。

上述情况说明，在单一类型的能量中，也有一部分能量会以热能的形式散发出去，但是，包含这些热能在内的总能量是不变的，这就是热力学第一定律，它是能量守恒定律在热力学方面的表述。

水力发电就是利用水位落差，将势能转化为动能，再通过发电机转化成电能的。

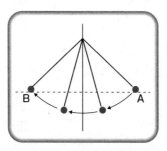

图① 钟摆实验示意图

过山车在开动之前被起重机（弹射器）抬到高处，之后依靠惯性行驶，所以它的动能来自最高点的势能。过山车的速度只取决于它的高度差。例如，过山车在B、D、H 3点的运动方向虽然不同，但在理想情况下，这3点的速度大小却是相同的。

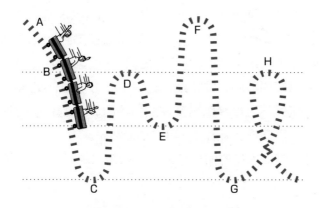

图② 过山车的力学原理

追求引擎的理想状态
卡诺定理

　　理想状态的机器，传导多少热量（热素）就做多少功，而且这个量只由温度决定。

获得最大效率的卡诺循环

　　法国人萨迪·卡诺（1796—1832）为了寻找本国工业落后的原因，致力于蒸汽机的研究。卡诺研究了如何将热机效率提高到最大，并且提出热量传导的两种形式。

　　其中一种是热量随着散布体积的变化而传导，此时做功的多少可以用"体积的变化 × 压力"来表示。

　　另一种是在高温物体和低温物体接触时，热量会从高温一侧传导到低温一侧，且这个过程是不可逆的，但是在这一过程中不做功。

　　这样一来，要利用热量传导将机器的效率提升到最高，就要消除由温差导致的热量传导，所以需要改变热量散布的体积使热量传导。为了实现这一目标，卡诺提出了理想热机运作的卡诺循环过程。首先，让气缸中气体的起始温度和热源 1 的温度（T_1）保持相同（下页图①），使得热源提供的热量在推动活塞移动的同时，向气缸内移动，并在这一过程中获得动力，变成状态 B。紧接着，气体不直接接触温度较低的热源 2（温度 T_2），而是使用绝热材料，阻断热量出口，再次推动活塞。

　　于是，热量散布的体积扩大，热量被"稀释"，使气体的温度下降。这就是"绝热膨胀^①"（本页图②）。 冰箱正是通过这一过程快速冷却物体的。

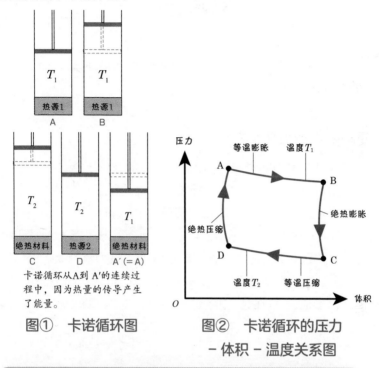

卡诺循环从A到A′的连续过程中，因为热量的传导产生了能量。

图① 卡诺循环图

图② 卡诺循环的压力
－体积－温度关系图

卡诺的成就被世人承认

　　卡诺的学说在发表之初没有受到任何关注。1834 年，同为法国人的克拉珀龙（又译为克拉佩龙）整理了卡诺循环的内容，并提出了压力－体积－温度关系，但是同样没有引起学术界注意。直到 1854 年，英国的威廉·汤姆孙（即开尔文勋爵，1824—1907）认识到卡诺学说的重要性，并广泛地向世人介绍。同时，开尔文利用卡诺循环，提出了热力学温标。

---

① 是与外界没有热量交换的膨胀过程，但气体对外界做功，气体膨胀。

为何不能在浴室放置洗衣机
欧姆定律

通过某段导体的电流和这段导体两端的电压成正比，和这段导体的电阻成反比。

欧姆定律是什么？

把欧姆定律中的电流比作水流，可能更容易理解。

想象一下管道中的水从高处流到低处的样子。

在这个过程中，水流的高度相当于电压的大小，水流相当于电流，而管道中的阻力就相当于电阻。这个阻力可能不太好理解，你可以这样认为：管道越细，水越难流动，阻力就越大。

所以，当电阻一定时，电压越大，电流越大，即电流和电压成正比；当电压一定时，电阻越大，电流越小，即电流和电阻成反比。

接地线 [①] 很重要！

洗衣机等家电产品的导线都是被绝缘层包裹着的，当导线呈裸露状态，且人触碰到导线中的金属部分时，电流就会流向人体。

当手脚很湿润的时候，人体的电阻会减小。

电压不变，电阻减小，根据欧姆定律，电流就会增大。

一般来说，0.1 安的电流通过心脏，就足以致命。

这就是我们不在浴室等有水的地方放置洗衣机的原因。

当然，在这种情况下，只要安装了接地线就相对安全。因为大部

---

①在电力系统或电子设备中，接地线指接大地、接设备外壳或接参考电位为零的导线。

分电流会通过电阻较小的接地线流到地面，而不会流到电阻较大的人体内（下图）。

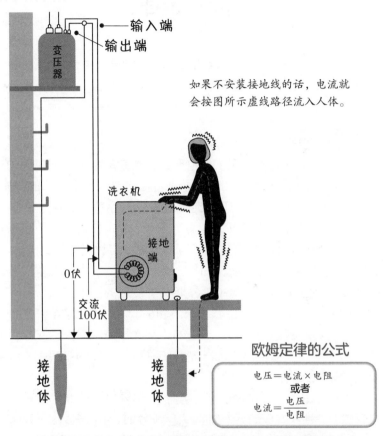

输入端
输出端
变压器

如果不安装接地线的话，电流就会按图所示虚线路径流入人体。

洗衣机

接地端

0伏

交流100伏

接地体

接地体

欧姆定律的公式

电压＝电流×电阻

或者

电流＝$\dfrac{电压}{电阻}$

被否定 15 年的欧姆定律

　　欧姆定律简单易懂，即使不加以证明也十分明了。但是，德国物理学家欧姆（1787—1854）在 1826 年提出的这个定律，在之后 15 年内一直被世人否定和无视。原因之一是当时的社会基本没有电器，发电现象仅出现在实验室内或是打雷等自然现象中。

　　欧姆定律最终被英国的学者们熟知。1841 年，英国皇家学会授予欧姆科普利奖章，这是当时科学界的最高荣誉。

复印是静电的功劳
库仑定律

真空中，两个静止的点电荷之间的相互作用力同它们的电荷量的乘积成正比，与它们的距离的二次方成反比。

产生静电的原理

人类很早以前就发现了静电现象，有关静电的记载最早出现在古希腊，人们发现用布摩擦琥珀之后琥珀能吸引细小的灰尘；17 世纪末，人们发明了通过旋转玻璃球产生静电的装置；18 世纪中叶，人们开始使用真正意义上的起电机[①]，这种起电机上安装了绝缘的旋转装置。起电机是被人们有意识地发明出来的，但是存储大量电力的蓄电池，却是一个偶然发明，它是在将产生的电能收集在瓶子里的实验（莱顿瓶）中发现的。

德国和荷兰分别在 1745 年和 1746 年独立发明了莱顿瓶，可能也是发展时机已到，有关静电的研究在这段时间繁盛起来。而将电磁学上升到精密科学的高度，明确相关定律的是法国工程师兼物理学家库仑。

库仑提出的公式形式和万有引力定律公式的形式完全相同，但是他没有弄清相互作用力为何会与距离的二次方成反比这个问题。

两个不同的物质相互摩擦会产生电，但相互摩擦实际上和产生电没有直接的联系，而是和不同种类物质表面的紧密接触有关。

所以，当一种物质中的电子向另一种物质移动时，如果二者分离，接收电子的一侧会带负电，就如下页图所示。

异名电荷相吸，一旦它们相互靠近就会合为一体，这称为放

---

①一种能连续取得并可积累较多正、负电荷的实验装置，如感应起电机、范德格拉夫起电机等。

电。冬天脱衣服时偶尔会产生火花就是这个原理。

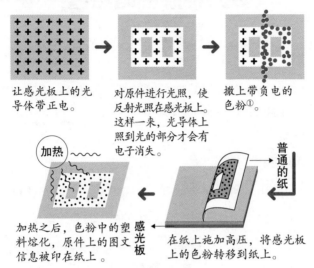

让感光板上的光导体带正电。

对原件进行光照，使反射光照在感光板上。这样一来，光导体上照到光的部分才会有电子消失。

撒上带负电的色粉①。

加热

加热之后，色粉中的塑料熔化，原件上的图文信息被印在纸上。

在纸上施加高压，将感光板上的色粉转移到纸上。

普通的纸

感光板

复印的原理

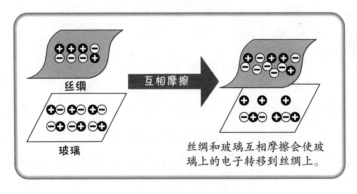

丝绸

玻璃

互相摩擦

丝绸和玻璃互相摩擦会使玻璃上的电子转移到丝绸上。

$$F = k\frac{q_1 q_2}{r^2}$$

F：静电力

q_1 和 q_2：两个点电荷的电荷量

r：点电荷之间的距离

k：比例系数

---

①静电复印时，使图像再现于纸上的彩色粉末。

令人怀念的电热器
焦耳定律

单位时间内电流通过导体产生的热量跟电流的二次方成正比，跟导体的电阻成正比。

自由电子的存在

大家知道电热器吗？把具有高电阻的镍铬合金线绕成线圈状，即像蚊香那样一圈一圈缠绕，然后放在陶器一类的绝缘体中，就制成了电热器。接通电源之后，线圈立刻被加热变红。电热器曾流行了一段时间，不过现在已经基本看不见了。

现在的电热毯和电暖炉利用的就是电热器原理。在一些要用到挥发性药品等的医院或研究室使用煤气会有引发火灾的危险，所以使用的基本都是电热器。我们为什么要使用电热器这种电阻很大的物品呢？

根据焦耳定律，电流一定时，热量和电阻成正比，电阻越大，产生的热量越多。这是为什么呢？金属导体中本来就存在许多自由电子，这些电子在导体内移动，而不会受到构成导体的金属原子的束缚。

自由电子在被施加电压的时候，会受到向正极的力，从而加速移动，然后与金属原子（确切地说是金属离子）碰撞，使轻微振动的原子运动得更加剧烈。这种情况下，电源提供的部分电能被转化成热能（下页图）。

就像人们在狭窄的地方相互推挤着通过时会感觉身体变得暖和一样，电子在难以通行的地方（有阻力的地方）通过时所做的功就转化成了热能。

发热管内部的电子在移动时，会与原子相撞，产生热量。

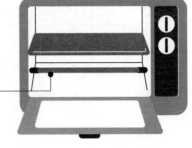

发热管

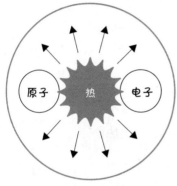

发热管内部

$$热量（卡）=0.24× 电流（安）^2× 电阻（欧）× 时间（秒）$$

烤箱发热原理

不惧挫折且怀有满腔热忱的焦耳催生的定律

发现焦耳定律的是焦耳（1818—1889）。焦耳是家里的二儿子，他的父亲是英国的一名酿酒师。焦耳曾在原子论的提出者——道尔顿的门下学习，并在 20 岁的时候将家里的一间房子改造为实验室，从此致力于电磁发动机的实用化。电磁发动机是由电池供电的简单电动机，不如蒸汽发动机好。但是，焦耳把研究方向聚焦在电流的产热上，最终在 1840 年提出了焦耳定律。

支撑电文明的软基础
法拉第电磁感应定律

穿过线圈的磁通量发生变化，线圈中就会产生感应电流，这一现象叫作电磁感应。电磁感应产生的电动势与磁通量的变化率成正比，与线圈匝数也成正比。

电流变化能产生磁效应？！

发现电流磁效应的是丹麦物理学家奥斯特（1777—1851）。他从 1807 年就开始专注于这个课题。有一天，他发现当导体通电时，放置在导体附近的磁针会摆动，这激发了他的灵感。

恒定的电流不能产生磁效应，变化的电流才能产生磁效应（下页图①）。注意到电流磁效应这一现象的奥斯特，成为广为人知的电流磁效应的发现者。法国物理学家安培（1775—1836）在听了奥斯特在一次学会会议上的讲座之后，立即进行了实验，仅用一周就取得了成果。他发现，将金属丝平行排列，当接通相同方向的电流时，它们彼此吸引；当接通相反方向的电流时，它们相互排斥（下页图②）。奥斯特和安培都认为电流会对磁铁产生力，换句话说，电流拥有与磁铁一样的功能，或者说电流产生了磁场。

法拉第（1791—1867）自学了自然科学，并产生了一个与上述物理学家完全相反的想法：磁场中会不会也能产生电流呢？

法拉第进行了多次实验后，提出了电磁感应定律（下页图③）。如今的发电机、电磁发动机，以及音响等绝大多数电器，都利用了电磁感应定律。

图① 奥斯特的实验

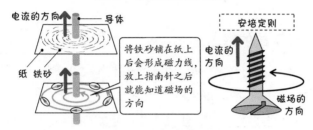

图② 安培的实验

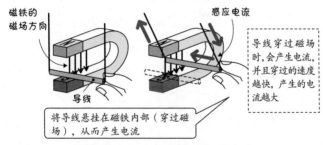

图③ 法拉第的实验

条形磁铁产生的磁力线

将磁铁插入缠绕在导体上的线圈中或从中拔出时，线圈中会产生电流。磁铁移动得越快，产生的电流越大。线圈匝数越多，产生的电流越大。法拉第为了直观地说明电磁感应现象，引入了磁力线的概念，并总结出电磁感应定律。

---

① 也称伏打电堆，由多层银和锌叠合而成，其间隔有浸渍水的物质。

自然界讨厌变化
楞次定律

闭合回路中感应电流的方向，总是使它产生的磁场阻碍引起感应电流的磁通量的变化。

对电流形成的磁场进行实验

在阅读这一部分的时候，请回忆一下前文介绍的法拉第电磁感应定律。同样，把条形磁铁的 N 极（北极）靠近线圈，贯穿线圈的磁力线会发生变化，线圈中会产生感应电流（下页图①）。感应电流形成的磁场会与条形磁铁的磁场相互排斥，阻碍条形磁铁的运动，这就是楞次定律。它会产生怎样的阻碍呢？让我们仔细地看看相关实验。

把条形磁铁的 N 极靠近线圈，线圈的 N 极会形成磁场，阻碍条形磁铁的靠近。根据弗莱明（又译为夫累铭）的右手定则，电流流动的方向会如下页图②所示。相反，再将条形磁铁远离线圈。线圈的 S 极（南极）形成磁场，阻碍条形磁铁的移动（仿佛在吸引着条形磁铁）。

该磁场产生的感应电流的方向与之前的正好相反（下页图③）。

根据楞次定律，条形磁铁的运动受到阻碍。要抵抗阻力移动条形磁铁，外界就要做功，做功的多少可以用焦耳定律换算为热量。

你可以认为：楞次定律是自然界讨厌变化的表现。如果同性电荷相吸，"宇宙将分散成两组不稳定，且在电力活性作用下相互排斥的材料"（本间三郎）。如此一来，事态将一发不可收拾。

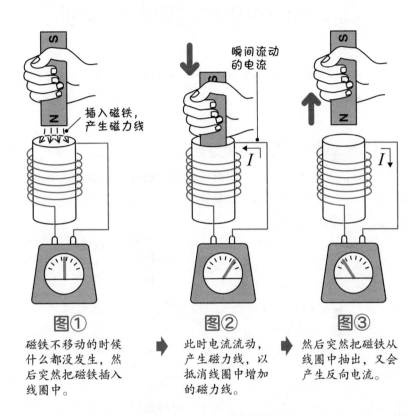

图①	图②	图③
磁铁不移动的时候什么都没发生，然后突然把磁铁插入线圈中。	此时电流流动，产生磁力线，以抵消线圈中增加的磁力线。	然后突然把磁铁从线圈中抽出，又会产生反向电流。

电磁感应的基础实验

海因里希·楞次

　　海因里希·楞次（1804—1865）是俄国的物理学家，曾在俄国的圣彼得堡大学担任教授，并于 1834 年发现了楞次定律。

右手发电，左手耗电
弗莱明的右手定则和左手定则

电动势的方向可以用右手定则判断，安培力的方向可以用左手定则判断。

使用 3 根手指的弗莱明定则

首先请看下页图①。首先制作一个能将线圈放在磁极之间的装置。为了方便起见，图中只显示了一个线圈，图中的线圈能够绕虚线所示的轴旋转。

如果是水力发电，则该线圈通过水力旋转；如果是火力发电，则该线圈通过火力旋转。核能发电归根结底也是利用核能将水煮沸，并用蒸汽推动涡轮机转动的火力发电。

由于线圈穿过磁场——磁力线构成的场，根据电磁感应定律，感应电流开始流动。

此时，食指指向的是磁场（B）方向，中指指向的是电流（I）方向，如此一来，大拇指指向的就是线圈运动的方向。

有一件事情不能忘，那就是一定要使用右手，上述 3 根手指也要呈相互垂直的状态展开。

中指、食指、大拇指依次指向电流、磁场、线圈运动的方向，这种记法非常方便。这种记法是由英国物理学家弗莱明提出的，因此该定则也被称为弗莱明右手定则。

不仅有右手定则，而且有左手定则（下页图②）。通过它，我们能知道电动机的工作原理。

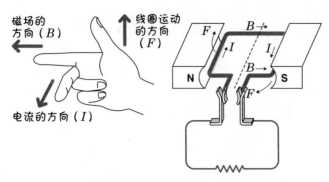

图① 直流发电机用右手

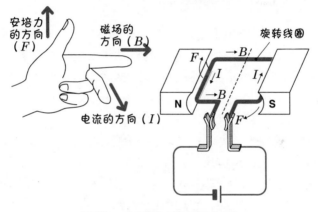

图② 直流电动机用左手

在图①、图②中，手指的指
向为3个物理量的方向。

古希腊人的大发现
反射三定律

①入射光线、法线、反射光线在同一平面内。
②入射光线和反射光线分居于法线的两侧。
③反射角等于入射角。

用球的弹跳来理解光的反射

有关光线反射的定律，收录在希罗（62—150）所著的《光学》中。希罗因发明一种类似于如今的自动售货机的投币箱而成名。将钱放入这种投币箱后，箱底的自动装置中会流出可以洗手的水。此外，希罗也是"希罗公式"的提出者：无论什么三角形，只要知道其三边长，就可以求出它的面积。

请看下页图①，光的反射就像球的弹跳一样。如果把光看作粒子，就比较容易理解反射定律。如果把声音也看作粒子，那么"声子"在传出去之后就跟球一样，又会弹回来。可见，这种反射定律不仅适用于光线，也适用于声音。

入射角和反射角

再来看看现代的反射定律（下页图②）。

光从一种介质Ⅰ射向另一种介质Ⅱ的界面时，会发生反射。反射光线、入射光线和法线在同一平面上，反射角与入射角总是相等。

光是粒子还是波？

现代的反射定律的适用范围不仅限于光，而且扩大到了一般的波。该定律适用于光波、声波、水波、地震波等波现象。

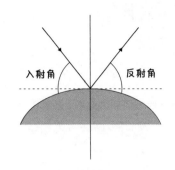

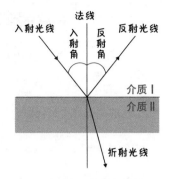

图① 古希腊时期的反射定律　　图② 现代的反射定律

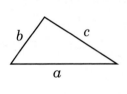

希罗公式

$$S=\sqrt{p(p-a)(p-b)(p-c)}$$

S：三角形的面积　　　p：$\frac{1}{2}$（$a+b+c$）

a、b、c：三角形3条边的长度

　　可能有人会有这样的疑问：刚刚明明是用粒子作比喻，怎么现在又变成了波？真是观察力敏锐，这跟历史上围绕光是粒子还是波的争论相关，也和惠更斯原理相关。

　　当波传播时，波阵面上的每个点都会以波阵面为中心产生新的波，这些新的波又会接连不断地形成新的波阵面。

　　惠更斯原理不仅适用于光，也适用于声波、水波等波传播现象，能帮助我们理解反射定律和折射定律。

克里斯蒂安·惠更斯（1629—1695）

　　惠更斯出生于荷兰的名门，幼年时期接受精英教育，被誉为"荷兰的阿基米德"。他在1690年出版的《光论》中提出了惠更斯原理（实际上在1678年就已经提出该原理），并在此基础上推导出光的反射定律和折射定律。此外他还认为，如果光线交叉而不相互干扰的话，那么粒子理论显然是错误的，应该把光与声音放在一起进行比较。

光导纤维是什么
折射定律

光从一种介质Ⅰ射向另一种介质Ⅱ的界面时，一部分光被界面反射，另一部分光则透过界面进入另一种介质Ⅱ中，且方向发生变化。

光的全反射现象

将水倒入容器中，放置在容器中的物体看起来就像漂浮着一样。如果往其中放一根直棒，水中的直棒看起来就像弯曲了一样。人们很早就注意到了光的折射现象，却没有弄清其中的数量关系。

阿拉伯物理学家海赛木（又译为阿尔哈曾、海桑）（965—1039）就致力于光的折射的相关研究。1618 年，荷兰莱顿大学的物理学家兼数学家斯涅耳（1580—1626）明确提出了折射定律。

我们再把视线转向现代，看一下光通信技术和胃镜等仪器中使用的光导纤维（下页图①）。

根据折射定律，光从折射率大的介质射到折射率小的介质中时，折射后的光线一定会远离法线，即折射角大于入射角（下页图②）。当入射角逐渐增大，达到一定的角度时（我们把这个角称为临界角），射到折射率小的介质中的光线会全部消失，所有的光都反射到折射率大的介质中，这就是光的全反射现象（下页图③）。

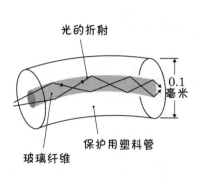

图① 光导纤维的内部

光的折射

0.1
毫米

保护用塑料管

玻璃纤维

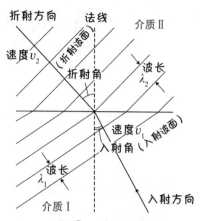

图② 光的折射

折射方向　法线　介质Ⅱ

速度 v_2　折射波面

折射角

波长 λ_2

速度 v_1（入射波面）

入射角

波长 λ_1

入射方向

介质Ⅰ

折射定律

入射光线和折射光线位于同一平面，入射角的正弦值和折射角的正弦值之比是一定的。

$$n(一定) = \frac{\sin i}{\sin r} = \frac{v_1}{v_2} = \frac{\lambda_1}{\lambda_2}$$

n：介质Ⅰ（入射侧的介质）相对于介质Ⅱ（折射侧的介质）的折射率

i：入射角　　　r：折射角

v_1：光在介质Ⅰ中的传播速度

v_2：光在介质Ⅱ中的传播速度

λ_1：光在介质Ⅰ中的波长

λ_2：光在介质Ⅱ中的波长

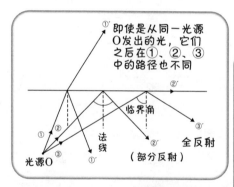

① 即使是从同一光源O发出的光，它们之后在①、②、③中的路径也不同

临界角

法线

全反射

（部分反射）

光源O

图③ 光的全反射现象

彩虹呈七色的原因

牛顿利用三棱镜将太阳光分解成了7种颜色。7种颜色的光分别由不同的粒子组成，红光粒子的质量最大，紫光粒子的质量最小，根据《自然哲学的数学原理》中确定的运动定律，紫光的折射率最大。牛顿将彩虹的颜色定义为7种。

从五感而来的物理定律
韦伯－费希纳定律

人的听觉、视觉、味觉、嗅觉、触觉等器官所感受到的刺激程度与物理刺激的强度的对数成正比。

"感觉量"也有定律

韦伯－费希纳定律中的韦伯指的是德国的心理学家兼生理学家 E.H. 韦伯（1795—1878）。

韦伯在 1834 年针对刺激的强度和识别域的关系提出了韦伯定律。例如，我们比较容易区分手持 30 克和 31 克物体时的差别，但同样是 1 克之差，我们却比较难区分 60 克和 61 克的差别，如果把 61 克换成 62 克，那又能比较容易区分出两个物体之间的差别。通过感觉区分的极限不是由物理量之间的差决定的，而是由二者比率决定的。这是对很多人进行实验后得出的结果。

德国的哲学家兼心理学家古斯塔夫·西奥多·费希纳在韦伯定律的基础上提出费希纳定律："感觉强度的大小与刺激强度的对数成正比。"费希纳是心理物理学的创始人之一，这是研究刺激的物理量与它所引起的感觉强度之间关系的心理学分支。

即使音量以等比数列方式增加到 100 倍、1000 倍和 10000 倍……耳朵感觉到的音量也只能以等差数列方式增加为最初的 2 倍、3 倍和 4 倍……这就是费希纳定律。

$$S = k \lg R$$

S：感觉强度　　　R：刺激强度

k：常数（为韦伯分数）

费希纳定律不仅适用于听觉，也适用于视觉、味觉、嗅觉、触觉等。韦伯－费希纳定律可以指以上两个定律，也可以单独指费希纳定律，本书所指的是后面一种情况。

声音的大小

人耳对声音强度的敏感度不仅随音量而变化，而且随声音的频率变化。

声音的大小是用分贝（dB）表示的。比如噪声的级别，它表示的是把从麦克风接收到的振动，在频率接近人耳特性的电路中进行分析后得出的值（下图）。

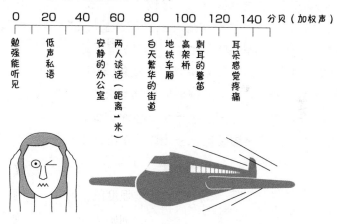

噪声的级别

在岔路口听见的宇宙膨胀之声
多普勒效应

波的频率在接近波源时变高，在远离波源时变低。

多普勒效应不仅限于声音

让我们在岔路口的道口栏杆落下时，分辨一下公交车或火车驶来和驶去时的声音高低，或者听一听擦身而过的公交车鸣笛声的高低。

汽车驶来的时候声音听起来比较高，驶去的时候听起来比较低。救护车的鸣笛声也是如此：当它向我们驶来的时候，声音听起来较高；但是当它驶去的时候，声音听起来又变低了。

在简单说明之前，我想解释两个概念：频率是指物体单位时间（通常为1秒）之内完成周期性变化的次数，相邻两个同相位点（如波峰或波谷）之间的水平距离称为波长。

例如，救护车一边鸣笛，一边以一定的速度行驶时，即使声波在声源处均匀分布，波长也会如下页图①所示，在行进方向上变短，在反方向上变长。

波长短意味着在一定时间内进入耳朵的波的频率增加，因此观测者听到的鸣笛声很高。当救护车离开时，波长会变长，观测者听到的鸣笛声很低。

多普勒效应是奥地利的物理学家多普勒（1803—1853）在研究双星的色光时发现的，1842年提出之后，立即被其他科学家证明，该理论在声学领域也同样成立。

多普勒也通过实验（他自己站在路旁，让一个人乘着货车，吹着小号，并且尽力保持相同的音高，从自己面前经过）成功地验证了这一理论。

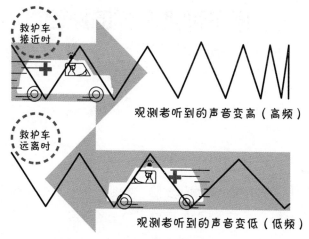

观测者听到的声音变高（高频）

观测者听到的声音变低（低频）

图① 什么是多普勒效应?

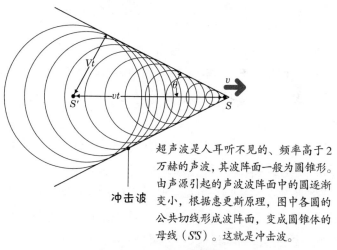

冲击波

超声波是人耳听不见的、频率高于2万赫的声波，其波阵面一般为圆锥形。由声源引起的声波波阵面中的圆逐渐变小，根据惠更斯原理，图中各圆的公共切线形成波阵面，变成圆锥体的母线（S'S）。这就是冲击波。

图② 冲击波呈圆锥形

利用多普勒效应了解宇宙膨胀

　　天文学家利用光的多普勒效应，能够知道其他天体是在靠近还是在远离地球。从银河系外部恒星发出的光中可以发现，其光谱线发生了红移，表示恒星正在远离我们，整个宇宙处于逐渐膨胀的状态。这一点也是进入20世纪后人们才发现的。

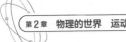

原子种类多样的原因
泡利不相容原理

在同一原子中不能存在两个或以上的电子处于完全相同的状态。

为什么物体有大小之分?

为什么同样大小的物体实际上有很多形态?你可能觉得这个问题问得很突然。人们是在 20 世纪才得出这个问题的答案的。人们并没有刻意地去解这个谜题,而是从一件偶然的事情中得知的答案。

电子绕着原子核旋转,就像地球绕着太阳公转一样,如果是这样的话,电子的旋转就应该符合角动量守恒定律。不过这其中还是存在些许偏差,原因不得而知。1925 年的春天,美国的克罗尼格认为,电子在绕着原子核旋转的同时,可能还在进行着自转。

就像地球绕着太阳公转的同时也在自转一样,电子在绕着原子核旋转的时候也在自转,有这种想法也是很自然的。克罗尼格远赴欧洲去寻求大家们的意见,却并没有得到当时一流物理学家泡利的关注。克罗尼格也因此失去了信心,并没有将他的理论以论文的形式发表。同年秋天,另一位科学家发表了论文,提出了和他同样的想法,碱金属原子双线光谱中"2 倍误差"的问题在第二年得到解决。

玻尔[1] 用英语单词"spin(自旋)"来表示电子自身的角动量。

---

[1] 丹麦物理学家,以提出玻尔原子模型而闻名,获 1922 年诺贝尔物理学奖。

掌握了自旋这一概念的科学家们随即发现了一个惊人的事实：微观世界中的所有粒子可以分为两组，也就是自旋数是0、1、2……的整数的粒子和自旋数是1/2、3/2……的半整数的粒子，这两组粒子表现出非常不同的特性。例如，电子不具有我们所熟知的"大小"和"旋转"这样的特性，而具有由向上和向下两个部分组成的抽象结构（见下图）。

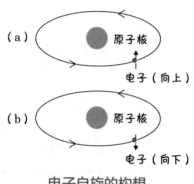

电子自旋的构想

自旋数为整数的粒子的代表就是光子，它的自旋数为1。

多数光子处于完全相同的状态。因为上述规律是由印度物理学家玻色提出的，所以自旋数为整数的粒子被命名为"玻色子"。光子可以实现与激光束一样的向单色相位对准的光束，也是因为它是玻色子。

相对应地，自旋数为半整数的粒子称为"费米子"，遵循泡利不相容原理。电子就是典型的费米子，电子不会全部进入最靠近原子核的轨道，而是均衡地活动在每个轨道，所以会存在许多大小相同但种类各异的原子。

角动量守恒的条件

当质点所受所有外力的作用线总是相交于某一固定点时，该质点的角动量保持不变。

爱因斯坦与电视的渊源
光电效应

　　物体在一定频率的光的照射下，内部的电子会被激发出来，或者内部的电子会移动，从而形成电流，这就是光电效应。产生光电效应的光的频率是有极限要求的，因此少数光无论如何照射都不会产生光电效应。

光电效应证明了光的粒子性

　　金属表面如果受到紫光或者紫外线的照射，电子会从金属表面被激发出来（右图）。这一光电效应在 1887 年就已被发现和研究，但是，首先发现光电效应能证明光的粒子性的是爱因斯坦。如果光是波的话，无论频率有多低，只要能量够大，电子就会被激发出来，但事实并非如此。

　　只有高频的光才会激发出电子。如果把光看作能量为 hv 的粒子，那么它就能击中电子并将电子击出，这样就很容易理解这一现象，这就是爱因斯坦的光量子假说。

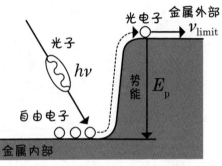

如果光能大于势能，就会像上图所示的一样，光子与自由电子发生碰撞，自由电子在金属内部变成光电子，然后飞到金属外部。

从金属表面激发出光电子

$hv>W$ 时，产生光电效应；
$hv=W$ 时，恰好产生光电效应，此时 $v=v_{limit}$，v_{limit} 是极限频率
h：普朗克常量　　v：光频
W：自由电子所做的功
E_p：势能

　　光电效应广泛应用于将光转换成电流的光电管。用于电视摄像的摄像管就是把光照射后激发出来的电子作为电流记录的装置。

第3章

改变世界的
先进科技

被皇帝赞赏的纸
中国科技

中国在科技方面对人类社会做出的最伟大贡献之一就是纸的发明。纸的诞生促进了社会的发展。

推动文明发展的纸

中国科技奉献给人类社会最伟大的礼物之一就是纸。

在古代中国，衣服的主要原料是麻和丝绵。把次等蚕茧煮烂、脱除胶质、洗干净，再放在浸水的篾席上，反复捶打捣碎蚕衣，蚕丝散开连成片，就制成了丝绵，可作为衣服的原料。在这一系列的操作中，残絮会堆积在篾席上，它们干燥之后就会变成一层薄薄的纸，这就是最初的造纸术。据说早在西汉时期，人们就有意识地用麻制作纸（称西汉麻纸），但是做出来的纸品质差，根本不能用来写字，只能用来包装物品。

历史上因造纸术而闻名的蔡伦（约62—121）对原有的纸进行了改良，使之成为能在上面写字的纸。可以说，对纸的改良是一步伟大的跳跃。

如今，从牛奶盒、折纸、风筝等与百姓生活相关的东西，到书法艺术，纸都发挥着重要的作用。

纸的发明可以说是中国科学家将自然和社会融合思考的结果。蔡伦改进造纸术成为人类历史上的重要成就。

下页图展示的埃及纸莎草纸和中国纸制法的不同。

纸莎草纸并不是真正的纸，真正的纸是将纤维过滤后得到的东西。

纸莎草纸

①将浸过水的纸莎草茎切成40～50厘米的小段，去掉韧皮，将木髓部分劈成长条。

②将长条叠放在一起。

③挤压、捶打，并用少量水利用植物本身的黏浆将长条粘在一起、晾干。

④打磨表面，修齐边缘完成制作。

纸（此处为毛竹造纸法）

①将竹子截成段后浸入水中（100天以上）。

②将竹子切碎。

③击打磨碎。

④加入石灰，沤3个月，洗去石灰，用石碓舂成纸末。

⑤放入水槽，成为纸浆，抄纸。

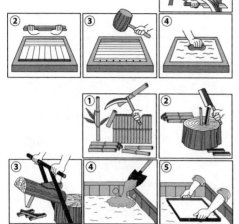

纸莎草纸（埃及）制法和纸（中国）制法的不同

纸的发明极大地促进了社会的进步，在某种程度上确保了国家的安定，促进了人口的增加。但是人口的增加又会带来新的问题，这些问题又需要依靠科技来解决。

中华文明的发展具有其独特性。造纸术是中国古代四大发明之一，其他3项发明是指南针、火药和印刷术，它们到宋代时相继传入域外各地。

传入欧洲的中国科技

宋朝时期，中国商人和阿拉伯人通过欧亚南部的大海进行大规模的海上交易，中国商人用金、银、丝织物、陶瓷换取对方的香料、象牙、珍珠、珊瑚等，同时也促进了科技的交流。

划时代之 0 的发明
印度科技

包括 0 在内的印度数字运算系统，促进了天文学的发展。

为人类带来巨大贡献的 0

在印度笈多王朝时期（约 320—540）及之前的一段时间，书籍就已经非常普及。不过，在中国的纸传入印度之前，印度北部是在白桦树皮上、南部是在椰子树叶上用墨水书写梵文文字的。印度科学随着书籍的普及有了显著的发展，天文学、数学、医学、材料等方面的研究，特别是金属方面的研究，都有了明显的发展。

印度的阿耶波多第一学习了希腊的天文学，并通过自己的观测推动了天文学的发展。天文学家婆什迦罗第二（1114/1115—1185）指出，物体质量不同，受到的地球引力也不同，并且意识到了引力定律。正是有了包括"0"在内的印度数字系统，天文学的发展才会如此迅速。虽然除了印度文明，在玛雅文明和美索不达米亚文明中也出现了 0 这一"记数符号"（下页图），但是从加、减、乘、除运算的对象这个角度来看，0 的发明还是要归功于印度人。这一"天才的想法"是何时产生的，我们不得而知，但是我们知道，第一位提出有关 0 的计算规则的数学家是公元 598 年出生的婆罗摩笈多（又译为婆罗门笈多）。

0 的诞生

数字 0 是如何在印度诞生的呢？

在印度，一般用"·（点）"来表示个位数、10 当中的零。当时印度盛行笔算，所以把 0 视为一种数字也是必然的。我们就拿"10+25"举例，在个位数的运算中，必须把 5 和 0 相加。印度之外的许多古代文明都使用算盘或者小棍来计算，数字只用来记录计算结果，人们不会使用 0 来进行计算，所以 0 也就没能演变成一个独立的数字。

与此相对，在印度，人们用笔在木板、树皮上进行笔算，或者是用手指、小棒在沙子等中进行笔算。笔算诞生之后，数字 0 对计算来说就成了必需的符号。

印度的医学等学科在古代就已经非常发达，与金属相关的技术也非常发达。但印度对人类最伟大的贡献可能还是 0 的发明。0 的发明可能与"无"的思想相关。

现代数字 (阿拉伯数字)	埃及数字	希腊数字	罗马数字	美索不达米亚数字 (六十进制)	玛雅数字 (二十进制)
0				$\langle$($\langle\langle$)	
1	I	α	I		•
2	II	β	II		••
3	III	γ	III		•••
4	IIII	δ	IV		••••
5		ε	V		—
6		ʕ	VI		— •
7		ζ	VII		— ••
8		η	VIII		— •••
9		θ	IX		— ••••
10	∩	ι	X	<	—
20	∩∩	κ	XX	<<	
100	⊚	ρ	C		

古代的 0 符号和数字

印度记数法

$$
\begin{array}{r}
2759 \\
\times \quad 108 \\
\hline
22072 \\
0000 \\
2759 \\
\hline
297972
\end{array}
$$

只需排列 0～9 的数字即可计算得出。

用罗马数字进行笔算

$$
\begin{array}{r}
(M)(M)DCCLIX \\
\times \quad\quad CVIII \\
\hline
?
\end{array}
$$

即使写出来也无法计算。

(M)=1000
D=500
C=100
L=50

笔算的比较

多亏非洲，才有了天妇罗
非洲和亚洲内陆的科技

芝麻油来自非洲，骑马技术来自亚洲内陆。

芝麻油来自非洲

下面从非洲科技为人类做出贡献的芝麻油开始介绍。

非洲地区的人们可能是在收集芝麻来烹调的时候，才发现种子中含有油的吧！日本人平常所吃的天妇罗、猪排盖浇饭也得益于非洲的这一发现。后来，他们从野生芝麻中挑选出颗粒较大的品种，培育出能结出许多种子的芝麻。

《一千零一夜》中《阿里巴巴和四十大盗》里所念的咒语就是"芝麻开门"，足以说明用作照明和做菜的油是多么珍贵。

诞生在亚洲内陆的骑马技术

说到亚洲内陆诞生的科技，不得不提的就是骑马技术。

几乎是在养马的同一时期，人们就穿起了"裤子"（马裤的雏形），骑在马背上，握着系住马嚼子（下页图）的缰绳，去往自己想去的地方。

把骑马技术视为科技，可能会遭到一些人的质疑，但我想说的是：人类活动本身就是把自己的发现和发明在日常生活中进行实践的过程。

如果没有真正掌握综合性的自然科学，就无法在世界上更好地生存。到目前为止，本书所介绍的东西，不过是各国人民在各自独特的生态系统、生活中表现出的智慧。这些东西可能会通过贸易、战争等传播到其他地方，也可能被偷偷带走。这可能是人类迈向新的发展阶段的一次飞跃，也可能是毁灭性的打击。

　　无论如何，世界现在仍在朝多元化的方向发展。

在马下颌的一排牙齿中，前切齿和后磨齿之间的间隙较大，马嚼子就是固定在此处的骨质（后用青铜）卡扣。系在马嚼子两端的就是缰绳。

马嚼子

拯救人类的植物品种改良
美洲原住民的科技

与自然共生共存的新科技拯救了人类。

从狩猎时代到农耕时代

在美洲大陆发现的当地最古老的人类骨骼位于阿拉斯加，距今约有 11500 年的历史。此外，从北美洲到墨西哥地区，广泛分布着和大型石器一同被发现的古人类遗址。进入北美大陆的人类用了不到 1000 年的时间就到达了南美大陆的南端。他们以捕获猛犸象和乳齿象等大型食草动物为生。你可能会觉得，捕猎时单靠技能而没有科技手段是不行的。

当时的人们在观察猎物并掌握其生活习性的同时，也遵循一贯的狩猎法则；他们反复试错的试验性行为，也是对科技手段的反复实践。

当时，一群拥有先进狩猎技术的狩猎者以数量充足的猎物为食，使得人口迅速增长。等到过度捕猎导致大型动物数量减少时，数量增加的狩猎者群体又开始探寻未开发的区域，向南迁移。

捕食大型动物的汹涌浪潮过去之后，人类开始在各地寻找新的食物资源和探究不同生态系统的生活方式。为此，人们需要寻找一种与生态系统共生共存的新方法。

在 1.1 万 ~ 8000 年前，第四纪冰期结束之后，阿拉斯加和墨西哥湾分布着广阔的草原。草原上有一种动物小规模地生存和繁衍了下来，那就是一种被覆长毛的大型野生牛。人类在捕杀这种动物时，没有赶尽杀绝，而是选择与之共存。人类的这一做法一直运用于之后的近 1 万年。与以前的做法相比，它是完美的、具有克制性的举措。

之后，墨西哥地区的农耕技术逐渐传播开来，大平原中出现了农民，他们在水流不断的河边建起村庄，定居下来。农民沿河定居，狩猎者在开发平原的过程中迁徙，他们之间虽然关系紧张，但同时也存在交易，两者之间维持着一种稳定的共生关系。

可见，美洲原住民的生活方式中也有值得我们学习的地方。

农作物、草药、饮品等的发现

墨西哥地区的人类大约从 1 万年前就开始收集橡子，栽培辣椒、鳄梨、南瓜等植物，后来又尝试栽培四季豆、玉米、红薯等。最古老的玉米一根上只有 36 ~ 72 颗玉米粒，仅有几厘米长（下页图）。人们花了大约 2000 年的时间才成功改进了品种，让它变得与现在的玉米一般大小。墨西哥高地原产的红薯具有很强的人口供养能力，是一种优质的农作物。除此之外，居住在安第斯山的人类也逐渐开始栽培土豆、番茄。其中，土豆对创立印加文明[1] 的人们来说，是一种重要的食物，因为它在贫瘠的土地上也能种植。奎宁对疟疾的治疗具有特殊效果，人们也通过咀嚼金鸡纳树[2] 的树皮来治疗发烧；我认为，这是一项非常了不起的科学发现。

在亚马孙热带雨林中，人们种植可可、菠萝和橡胶。玻利维亚地区则种植花生和烟草。在多种多样的自然环境中选择和种植可利用的植物，需要人类的智慧、创意和努力。

这就是科技在实现人类与自然共生方面的贡献。

---

[1] 南美洲古代印第安人文明。印加为其最高统治者的尊号，意为太阳之子。
[2] 从树皮中可采得奎宁（金鸡纳碱）。

　　据说玻利维亚的莫克索斯平原曾经存在发达的古代农业文明。在面积多达 25 万平方千米的莫克索斯平原上，大约有 20 万个罗姆人土堆。巨大的土堆直径为 1000 米，高 30 米。

　　罗姆人的这种建筑最大的功能是抵御洪水。莫克索斯平原洪水泛滥，会连续数月处于被洪水淹没的状态。当时的这种建筑成了浮在水上的避难所，也成了人、植物、野生动物共生共存的独立生命圈。

　　莫克索斯文明的灭绝是人类文明的发展过于顺利导致的，这么说可能有些违反常理，主要原因应该是人口异常增加，超过了生态系统的承受极限，才导致了它的崩溃吧！

现代的玉米和古代的
玉米的比较

第 **4** 章

化学的基础
物质的变化

为何轮胎能承受车的质量
玻意耳定律

在温度和气体量保持不变时，气体的体积（V）与气体的压强（p）成反比。

体积与压强成反比：玻意耳定律

生活中总有这种情况：一些事情看似理所当然，但当我们重新审视时，却感到不可思议。车子的轮胎就是如此。轮胎中虽然只充入了气体，却能支撑重达数吨的车身。

轮胎的气压一般为 230 ～ 250 千帕，而 1 标准大气压（atm）大约是 101.325 千帕，所以轮胎中的气压约是标准大气压的两倍。正因为如此，即使轮胎承载了车上人与货物的质量，也能基本维持原来的形状（本页图①），行驶时也不会产生过多的摩擦。

图①　车子在承载了人与货物的质量后其轮胎还呈圆形是因为内部的分子在活跃地运动

像这样，把气体装进类似轮胎内胎的容器中，一定会给容器内壁带来一定强度的压力。

　　如图②所示，在不改变内部气体容量和温度的情况下，增大容器的体积，将长方体一边的边长增加一倍，保持其垂直于纸张表面的横截面不变，体积将增加一倍。

　　上下移动的单个分子与上下容器内壁的碰撞次数会减少 1/2，这意味着气体对容器的压力减小了一半。

　　此时如果将容器体积增加到原来的 2 倍、3 倍……，那么容器内部的压强就会变成原来的 1/2、1/3……，即温度和气体量保持不变时，容器体积与压强之积不变，体积和压强成反比。这就是玻意耳定律。

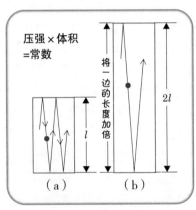

图②　玻意耳定律

玻意耳定律的创立

　　罗伯特·玻意耳（1627—1691）并不是首先提出玻意耳定律的人，他一开始是反对这个理论的。玻意耳重试了托里拆利的实验（证明大气有压力的实验），发现温度和气体量保持不变时，气体的体积和压强成反比关系，并认为气体由分子（或原子、其他粒子）组成，巩固了原子（分子）论和粒子论的地位。

将凹陷的乒乓球复原的技术
玻意耳 – 查理定律（理想气体状态方程）

一定量（1 摩）气体的体积 V 与热力学温度 T 成正比，与压强 p 成反比。其中的常数 R 称为摩尔气体常数。

玻意耳定律和查理定律的合体

将上一篇介绍的玻意耳定律和接下来介绍的查理定律结合起来，就是玻意耳 – 查理定律。现在我们就来看看查理定律。

查理定律是气体等容变化所遵循的规律，可表述为：一定质量的气体，当体积保持不变时，它的压强 p 和热力学温度 T 成正比，即 p/T = 常数。此定律只对理想气体才严格成立，其他气体在压强不太高、温度不太低时也遵循这个定律。

这一定律是由法国的物理学家查理（1746—1823）发现的。

在探讨结合了玻意耳定律和查理定律的玻意耳 – 查理定律之前，我们先谈谈物质的量的单位摩（全称为"摩尔"）。

可以把摩看作和"打"相似的数字集合单位。就像 12 个称为一打一样，6.02×10^{23} 个基本粒子的集合就称为 1 摩。1 摩的粒子在 0 摄氏度、1 标准大气压的情况下为 22.4 升。

将乒乓球放在热水中复原的气体状态方程

玻意耳 – 查理定律是针对 1 摩的气体而言的定律，如果是 n 摩的气体，该定律的公式就是理想气体状态方程。

如果乒乓球的表面有凹陷的话，将其放入热水中不久，它就能恢复成原来的样子（下页图）。根据玻意耳 – 查理定律，在热水中，乒乓球内部的压强增加，将赛璐珞 [①] 质地的乒乓球壁推压到

———————

① 商业上最早生产的合成塑料。赛璐珞乒乓球已于 2016 年被禁用。

原始状态。

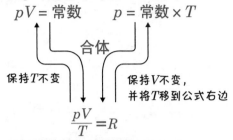

【玻意耳定律】【查理定律】

$$pV = 常数 \qquad p = 常数 \times T$$

合体

保持T不变   保持V不变，
并将T移到公式右边

$$\frac{pV}{T} = R$$

【玻意耳-查理定律】

玻意耳定律和查理定律的合体

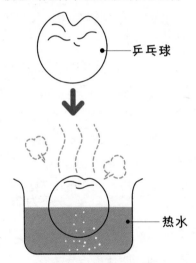

乒乓球

热水

乒乓球在热水中复原

理想气体状态方程

$$\frac{pV}{T} = R$$

p：压强
V：气体的体积
T：热力学温度
R：摩尔气体常数

如果是 n 摩的气体，
则 $pV=nRT$ 为理想气体状态方程

适用于该方程的并不是实际存在的气体，而是理想气体。就是完全忽略组成气体的粒子本身的体积及它们之间的相互作用的气体。

杀死害虫蛞蝓
范托夫定律

溶液的浓度越高，渗透压越强；温度越高，渗透压也越强。

对"膜"的压力：从浓度高的地方到浓度低的地方

很久之前，人们就使用盐来对付蛞蝓：往蛞蝓身上撒一些盐，它就会凝固成一个小块。

这是因为蛞蝓体内的水分渗透到了体外的食盐中。

当不同浓度的液体通过半透膜彼此接触时，会产生渗透压（下页图）。半透膜是具有无数个小孔的膜，这些小孔能阻止比该孔大的物质通过，而允许比该孔小的物质通过。

例如，在由半透膜隔开的不同浓度的盐溶液中，水会从浓度较低的盐溶液移动到浓度较高的盐溶液。这就是渗透作用。此时两种溶液之间就有了液面差，会对膜产生压强。这个压强就是渗透压。盐溶液的浓度越高，渗透压越强。温度越高，分子运动越激烈，会与溶液浓度高时产生同样的效果：使渗透压变强。这就是范托夫定律，也称渗透定律。

范托夫定律的公式和理想气体状态方程几乎一样。在气体中，分子在空间内移动，而在溶液中，溶质分子在溶剂中移动，所以它们可以用同一公式表述。首先发表这一观点的是荷兰的化学家范托夫（又译为范特荷甫，1852—1911）。

范托夫还提出了"碳原子的正四面体理论"等，展现了其天才般的智慧，并获得了第一届诺贝尔化学奖。

（1）渗透压

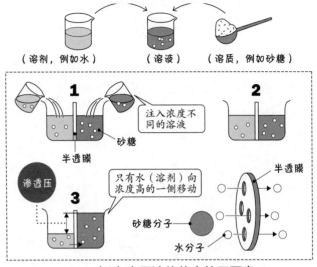

（溶剂，例如水）　　　（溶液）　　　（溶质，例如砂糖）

1　注入浓度不同的溶液

砂糖

半透膜

2

渗透压

3　只有水（溶剂）向浓度高的一侧移动

半透膜

砂糖分子

水分子

（2）表示液体状态的四要素

渗透压　　体积　　物质的量　　温度

（溶质的分子数）

和理想气体状态方程相同！

（溶液的）　（溶质的）

渗透压（p）×体积（V）=物质的量（n）×摩尔气体常数（R）×温度（T）

溶液的渗透压和液体状态四要素

范托夫（渗透）定律的公式

$$pV = nRT$$

p：渗透压　　V：溶液的体积　　n：物质的量

R：摩尔气体常数　　　　T：热力学温度

将公式左边的 V 移到右边，$\dfrac{n}{V}$ 表示浓度

燃烧你的钻石
质量守恒定律

在化学反应中，反应前的各物质的质量总和与反应后生成的各物质的质量总和相同。

拉瓦锡的化学革命

拉瓦锡通过天平进行实验，验证了质量守恒定律，掀开了化学革命的篇章。

这场化学革命萌芽于古希腊的四根说（又称四元素说），其内容为：世界是由气、火、水、土组成的。坚信四根说的学者认为，让水长时间处于沸腾状态，会产生沉淀物。他们将这一沉淀物称为"由水变成的土"。

拉瓦锡将水装在玻璃容器中加热了 101 天，的确生成了沉淀物。他测量了玻璃容器在实验前后的质量，发现玻璃容器减少的那一部分质量等于沉淀物的质量。

因此，拉瓦锡得出"沉淀物并不是水变成的，而是玻璃变成的"这一结论。

拉瓦锡还挑战了当时科学家们坚信的燃素说①。依据燃素说，金属燃烧后的金属灰是金属氧化物（这是正确的），燃素就是在其燃烧时产生的。但拉瓦锡却在思考：金属在燃烧后质量理应减少，怎么反而增加了呢？

---

①燃素说认为，焚火燃烧物体，会产生一种物质并残留灰烬，该物质就是燃素。此外，燃素被认为是元素的一种。提出这一观点的是德国医学家兼化学家施塔尔，他把燃素视为元素可能也是受到了古希腊四根说的影响。

拉瓦锡先用钻石做了个实验。他把钻石放在密闭的容器中，用巨大的聚光镜加热煅烧。但是，包括玻璃容器在内的整体的质量并没有发生变化，而如果打开密闭容器的盖子通入空气，质量就增加了。

拉瓦锡又用金属做了实验，发现增加的那一部分物质是氧气，金属灰质量增加是因为它和氧气发生了化学反应。

下图是以铜为例说明化学反应前后物质整体质量不变。

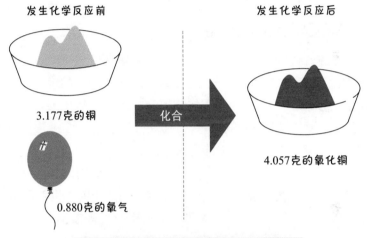

发生化学反应前　　　　　　　发生化学反应后

3.177克的铜

化合

4.057克的氧化铜

0.880克的氧气

铜的质量+氧气的质量=氧化铜的质量

物质整体质量不变

拉瓦锡的实验从根本上推翻了盛行已久的燃素说，为质量守恒定律的确定铺平了道路。

质量守恒定律又称物质守恒定律，拉瓦锡的科学精神及这个定律，都是永远不灭的。

安托万－洛朗·拉瓦锡（1743—1794）

拉瓦锡在20多岁时成了路易王朝中替政府征税的包税官。他是一个特别喜欢测量的人，会精确地测量所有东西。可惜推动科学革命的他在法国大革命期间被捕入狱，1794年被送上断头台。

做功总量无关过程，而在于始末状态
盖斯定律（盖斯总热量守恒定律）

化学反应不论是一步完成还是分几步完成，其总的反应热是恒定的，而与反应途径无关。这就是盖斯定律（又称赫斯定律）。

激发化学反应的活化能

让我们看看具体的例子。将 1 摩的碳单质完全燃烧，生成二氧化碳，会产生约 393.9 千焦的热量。如果不完全燃烧，生成一氧化碳，只会产生约 110.9 千焦的热量。不过一氧化碳可以继续燃烧，产生约 283 千焦的热量，110.9 千焦加上 283 千焦，就等于 393.9 千焦。这个例子就能用来证明盖斯定律。

盖斯定律是能量守恒定律在化学反应中的应用。

然而，在迈尔正式确立能量守恒定律的两年前，也就是 1840 年，盖斯（1802—1850）就发现了这一定律。盖斯出生在瑞士，在当时俄国的圣彼得堡工学院教授化学。下面，我结合本页图①对这一定律进行说明。

例如，我们用下面翻越山岭的例子，来说明碳和氧结合生成二氧化碳的过程。

我们把这一过程中所需的能量称为活化能。假如没有隧道，某人从 A 点走到 C 点就要翻过山顶 B 点，如果他没有足够的体力爬到 B 点，那么就无法到达 C 点，爬到 B 点所需的体力就是活化能。

下页图②为盖斯定律图示。

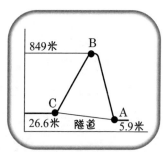

图①　翻越山岭

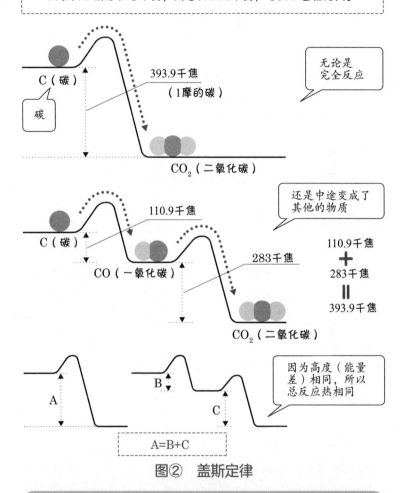

图② 盖斯定律

如何才能获得活化能?

碳和氧气如果只是稍微接触一下，是不会发生化学反应的。想让它们发生化学反应，就必须让它们内部产生明显的变化，这需要让反应物的分子处于活化状态，即必须具有一个最低限度的能量。此最低限度的能量与反应物分子之间的能量差称为"活化能"。使分子得到活化能的常用方法为加热、电磁辐射、通电等。

啤酒起泡与减压病 [1] 的渊源
亨利定律

　　温度一定时，气体在液体里的溶解度与该气体的平衡分压成正比。温度越高，气体的溶解度越低。

气体在何时会易溶于液体?

　　气体可以溶于液体，正因为如此，鱼才能在水中生存。

　　压强越大，气体越易溶于液体。在温度一定时，气体的溶解度与压强成正比。

　　这一关系是由英国杰出的实验化学家威廉·亨利发现的。

　　运用这一定律能解释啤酒起泡的原因。啤酒气泡是由溶解在啤酒中的二氧化碳逸出后形成的。

　　其中的二氧化碳是啤酒在酵母的作用下发酵产生的。特别是在发酵的后期，啤酒的温度保持在0摄氏度左右，发酵箱中的压强不断增大，使得二氧化碳更易溶解。

　　不过，和其他气体相比，二氧化碳原本就具有较高的水溶性。

啤酒起泡的原因

　　当消费者拿到啤酒，打开瓶盖的时候，溶解在啤酒中的二氧化碳会变成气泡冒出来，这是为什么呢?

　　啤酒装瓶出货的时候，瓶中的气压保持在11～14标准大气压（1标准大气压=101.325千帕），其中溶解了一定量的二氧

──────────

　　[1] 指从高气压环境骤然进入低气压环境引起的疾病，多为职业病，如潜水员、飞行员易得此病。

化碳。

打开瓶盖之后，啤酒暴露在空气中，使得瓶中的气压骤然减小，二氧化碳逸出，产生气泡（本页图②，图①为常规加热情况下水沸腾产生气泡的现象）。

水被加热之后，溶解于水中的气体和附着在容器壁上的气体的溶解度降低，从而产生气泡

（开封前）二氧化碳溶解在啤酒中
（开封后）二氧化碳变成气泡冒出

图①　水煮沸时产生气泡的原因　　图②　啤酒起泡的原因

减压病的原理

亨利定律也能解释让人头疼的疾病，那就是减压病。

在水中，水深每增加 1 米，压强就会增加 10 千帕。

越往深处游的话，人体血管中就会溶入越多的氮气。

当人急速上升，压强迅速下降时，已经溶解在血管中的氮气会逸出，并且在血管中迅速形成气泡，结果会导致身体受伤。为了防止这种事情的发生，人只能慢慢地上浮。

味噌汤越浓，越容易烫伤
拉乌尔定律

在一定的温度下，在含有非挥发性溶质的稀溶液上方，溶剂的蒸气压等于该温度下纯溶剂的蒸气压乘溶剂的摩尔分数。（稀溶液的沸点上升值和凝固点降低值与加入溶质的摩尔分数成正比。）

想要改变液体的沸点，就要溶入一些物质

标准大气压下，没有掺入杂质的水，在温度达到 100 摄氏度时就会沸腾，然后逐渐蒸发。不仅是水，所有的液体在达到一定温度时都会沸腾，变成气体。我们把这一温度称为沸点。

如果往液体（例如水）中加入一些溶质，会阻碍水分子的蒸发，导致沸点"升高"，也就是"沸点上升"（本页图①）。

沸点上升的程度取决于溶液的摩尔分数，它与摩尔分数成正比。摩尔分数表示单位体积溶液中存在多少摩的溶质。

其他物质越多，越妨碍溶液的沸腾，使得沸点上升。

如果其他物质过多，则比例关系将不成立。

煮味噌汤时，一定要在它沸腾之前关火，因为一旦沸腾，风味就会大减。浓度越高的味噌汤越烫，浓味的味噌汤比淡味的味噌汤更容易烫伤人也是这个原因。接下来我们再看看凝固点降低现象。

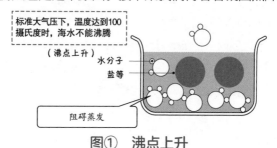

图① 沸点上升

凝固点降低现象

标准大气压下，没有掺入其他物质的水，在温度达到 0 摄氏度时就会凝结成冰。像这样，液体变成固体的现象称为凝固，物质凝固时的温度就称为凝固点。

冰中的水分子排列整齐。而在液态水中，分子的运动由于内能高而变得激烈，分子无法处于整齐排列的状态。含有溶质的液体温度下降，达到凝固点后，即使液体分子想要排列整齐，也会因为有其他物质分子的存在而受到阻碍，无法转变成整齐排列的状态。

只有在温度变得更低时，水分子才会绕开其他物质分子整齐排列。像这样的现象就叫作凝固点降低。

凝固点降低的程度与溶解在液体中的物质的量成正比。换句话说，溶液浓度越高，凝固点就越低。所以，标准大气压下，纯水在温度达到 0 摄氏度时会凝结成冰，但是海水却要在更低的温度下才会凝结成冰。

提出这一定律的是法国化学家拉乌尔（下页图②）。

拉乌尔（1830—1901）

他是法国的化学家，曾就读于巴黎大学，后来因家庭经济原因，一边担任科学老师，一边继续学业，并于 1863 年获得博士学位，随后成为化学教授。1878 年，为了测量葡萄酒的浓度，他开始了凝固点的研究，最终提出了拉乌尔定律。

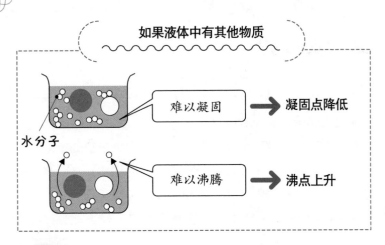

图② 拉乌尔定律

物质的量

物质的量是化学中的重要概念，单位为摩。在之前我们介绍过，1 摩包含 6.02×10^{23} 个基本粒子（原子、分子等）。原子核中的质子数在数值上等于原子序数，质子和中子的个数之和称为质量数。例如组成 12 克质量数为 12 的碳原子的个数为 6.02×10^{23}，组成 18 克水（水的质量数为 18）的分子个数也是 6.02×10^{23}。

第 **5** 章

生命探秘
地球和宇宙之谜

咖啡杯上迸发的灵感火花
细胞学说

植物和动物都是由细胞构成的。

探索生物构成单位的两位德国人

植物和动物都是由细胞构成的。在现在看来，这是再简单不过的常识，但是若要证明这一观点，那就有些困难了，更不用说最先提出这一观点了。而完成这一创举的就是来自德国的两位性格迥然不同的科学家。

其中一位是施莱登（1804—1881），他个性独立，会坚持自己的主张，毫不客气地反击自己的论敌，因此树敌众多。另一位是特奥多尔·施万（1810—1882），他具有很强的自信心，温和谦虚，不喜与人争辩。他们一个研究植物，主张植物是由细胞构成的；一个研究动物，主张动物是由细胞构成的。

施莱登职业生涯早期做过律师，之后开始学习生物学和医学。他在1838年发表了《植物发生论》，提出植物是由细胞聚集而成的，并因此成名。

同年10月，施莱登在与施万喝咖啡时，向他说明了自己的学说，施万对此大为吃惊，因为自己研究的动物神经细胞构成和施莱登提到的植物细胞构成几乎如出一辙。施万给施莱登看了蝌蚪脊索的构成细胞，两人均认为动物和植物基本上可以说是由同一单位个体构成的（下页图）。

仔细想来，这是一项伟大的发现，能四处移动的动物竟然和静态的植物一样，都是由细胞构成的。

施万在第二年发表了题为《关于动植物的结构和生长的一致性的显微研究》的论文，从动物角度提出细胞学说。施万完善了施莱登不完全的学说，并在此基础上推进了细胞研究，将细胞分类，指出卵细胞也是细胞的一种。

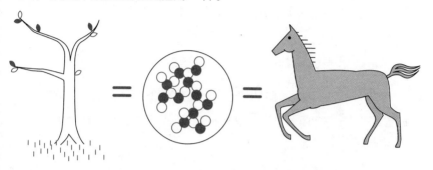

植物和动物都是由细胞构成的

从单细胞生物向多细胞生物的演化

地球上的绝大多数生物是由细胞演化而来的，其中也包括由单个细胞构成的单细胞生物。

细胞们集合在一起，构成了多细胞生物。我们人类和草木一样，也是多细胞生物中的一员。为什么有的单细胞生物会朝着多细胞生物的方向演化呢？这似乎是原核生物向真核生物演化的前提。原核生物、真核生物又是什么？这时，话题又转向了内共生学说。

修道院庭院内的伟大发现
消除达尔文疑惑的孟德尔定律

遗传的本质存在三大定律。

遗传及其三大定律

英国学者达尔文 1859 年发表的《物种起源》在当时的欧洲掀起了一场精神革命，以人为中心的世界观面临崩塌，其中困扰达尔文的一个问题就是遗传。

当时，包括达尔文在内的一些人主张"混合遗传"的理论，即从父母那里继承的遗传性状，就如同咖啡和牛奶的混合物一样，是混合在一起的。于是，好不容易通过自然选择获得的有利性状会随着一代代的遗传而逐渐淡化。

实际上，能消除达尔文疑惑的遗传理论发表于 1865 年，当时达尔文还在世。这一理论被称为孟德尔定律，也叫遗传定律。

从父母那里继承的粒子状遗传因素（相当于现在的基因）是遗传的决定性物质，并遵循以下定律，即孟德尔定律。

①来自双亲的两个基因中，一个为显性，另一个为隐性，但仅表现显性性状，这就是显性定律。显性和隐性之间的区别仅在于遗传信息是否表现在外部特征上。（编者注：此定律并未被归入孟德尔定律，一般认为孟德尔定律为以下两个。）

②决定生物体遗传性状的一对等位基因在杂合状态下并不相互影响，而在配子形成时彼此分开，随机进入不同的配子，带有这样相对性状的配子，在不同的个体中表现出来。这就是分离定律。

③两对或两对以上的基因在配子形成过程中的分配彼此独

立。由于雌雄配子的随机结合，因而在子代中出现各种性状的各种组合，且按一定比例出现。这就是独立分配定律（又称自由组合定律）。

因此，通过自然选择获得的有利性状不会逐渐淡化，而是有可能一代代地遗传下去。

孟德尔是奥地利的一位神父，同时也是一位遗传学家，他在修道院的庭院中对豌豆进行杂交实验，并发表了实验成果（右图）。

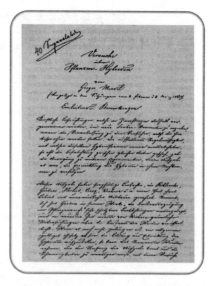

豌豆实验的论文原稿第 1 页

但孟德尔定律的价值在当时并没有得到认可。直到 1900 年，3 位学者（荷兰的德弗里斯、德国的科伦斯、奥地利的切尔马克）几乎同时证实了孟德尔定律。

从对立到群体遗传学

孟德尔在遗传学上的重新发现，在孟德尔学派和生物统计学派之间掀起了一场激烈的论战。孟德尔学派认为，新物种是由基因突变而来的；生物统计学派则认为，新物种是通过自然选择渐渐形成的。

但是，对果蝇的遗传学实验表明，两者之间只是表面上的对立，两者合并后，就诞生了群体遗传学。这是研究群体的遗传结构及其变化规律的遗传学分支，应用数学和统计学方法，研究群体中的基因频率和基因型频率，及其在突变、选择、迁移和遗传漂变等因素影响下的遗传效应，由此来探讨进化的机制。

双螺旋结构发现的秘史
分子生物学的中心法则

基因的主体是 DNA（脱氧核糖核酸），它具有由许多分子构成的双螺旋结构。

研究 DNA 构造的道路

20 世纪中叶的美国，出现了这样一位青年，他在大学四年级的时候就想探明 DNA 的真身，这个人就是詹姆斯·杜威·沃森。

当时的人们尚未弄清 DNA 的真正面目，许多学者都认为它是一种蛋白质。其中，英国的莫里斯·威尔金斯也把研究对象锁定为 DNA，他对 DNA 的 X 射线衍射图像进行研究。

一开始，沃森想收莫里斯·威尔金斯为徒，但被拒绝了。后来，沃森进入剑桥大学的卡文迪什实验室，并在那里遇到了弗朗西斯·克里克。虽然克里克当时正在做蛋白质的研究，但是二人一致认为，DNA 的研究更为重要。

居住在美国西海岸的鲍林用"类似于幼儿园儿童玩具的分子模型"展现了一种蛋白质的螺旋结构。

沃森和克里克二人利用这个实用的分子模型和 X 射线来展现 DNA 的结构，并制作了新的模型：在螺旋结构的中心加入了由脱氧核糖和磷酸构成的骨架。他们自己也承认，模型中的一些原子是被强行插入进去的。这一模型在他们的竞争对手——科学家罗莎琳德·富兰克林的批判下无疾而终。以布拉格定律闻名的卡文迪什实验室主任——劳伦斯·布拉格也决定放弃 DNA 的研究。

于是，克里克回归到蛋白质的研究中，沃森也投身于烟草花叶病毒的研究。之后二人再次联手，重新开始了 DNA 的研究。1958 年，克里克提出了遗传信息传递方向的法则："DNA → RNA（核糖核酸）→蛋白质"（后来被称为中心法则，见右图）。

如果不弄清 DNA 的构造，就无法弄清"DNA → RNA →蛋白质"链条中遗传信息的流动。就在大家为这个难题苦恼时，传来了一则惊人的消息：鲍林已研究出了 DNA 的构造。但是，仔细研究他的原稿后可以看出，里面犯了一个基础的化学错误。也就是说，想成为第一个探明 DNA 真身的人，还来得及！

后来布拉格同意克里克和沃森二人再次展开 DNA 的研究。他们从 X 射线中得出，由脱氧核糖和磷酸构成的骨架应该在 DNA 分子外部。

他们在迷茫许久之后，终于弄清楚了该如何将两个碱基结合起来形成双螺旋。

沃森和克里克这一组合像他们发现的双螺旋结构一样，将彼此的智慧凝聚在一起，最终获得了重大发现。

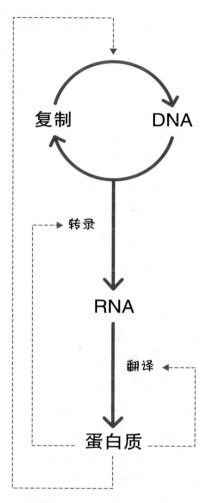

遗传信息在"DNA → RNA →蛋白质"链条上传递，酶作为催化剂，在遗传信息的转录、翻译等过程中发挥着重要的作用。

中心法则和 RNA 世界

先有鸡还是先有蛋
RNA 世界说

地球上最早的生命是以 RNA 为中心构成的，RNA 分子既能发挥遗传基因的作用，也能发挥催化剂的作用。

遗传信息的核心载体是 RNA

当思考生命的起源时，首先困扰我们的就是先有鸡（功能）还是先有蛋（信息）这个问题。现在我们知道，遗传信息是按照一种被称为中心法则的顺序传递的，即按照"DNA → RNA → 蛋白质"这样的顺序（下页图①）。蛋白质有制造核酸的作用，而核酸具有制造蛋白质所需的信息。那么是先有蛋白质还是先有核酸呢？这一问题在 20 世纪 80 年代得以解决：RNA 是一种核酸，它可以不借助蛋白质，发挥类似于蛋白质的催化作用。在中心法则中，RNA 的作用仅是将 DNA 的信息传递给蛋白质，而 DNA 才是遗传信息的主要载体。但是，人们认为，当生命在原始地球上诞生时，传播信息的载体不是 DNA，而是 RNA（下页图②）。很大一部分原因是部分 RNA 既具有遗传信息的功能（即自复制功能），又具有催化的功能，但是除此之外，还有其他一些原因（下页图③）。

其中之一就是构成 RNA 的核糖比构成 DNA 的脱氧核糖更容易形成，因此 RNA 整体比 DNA 整体更容易形成。

但是其中还有一些尚未克服的难点。例如，是否存在这样一种 RNA，它能合成细胞增殖所必需的核酸和蛋白质，并为这个过程提供所需的化学能，这正是学术界正在研究的最前沿的问题。

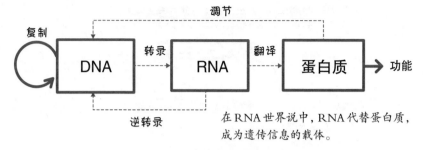

在RNA世界说中，RNA代替蛋白质，成为遗传信息的载体。

图① 生物体中的遗传信息传递

图② 地球上生命的诞生

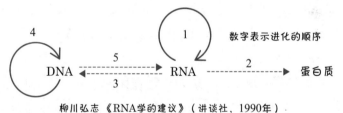

柳川弘志《RNA学的建议》（讲谈社，1990年）

图③ 新法则

与DNA相比，RNA具有多种功能，并且扮演着多种角色，这是生命在诞生之初所必需的，RNA还能更具体地描绘出我们迄今为止依然很好奇的生命诞生的故事。

氧气以前是"毒气"
内共生学说

构成我们身体（以及动物和植物）的真核细胞，具有一个或多个由双膜包裹的细胞核。

能适应环境的细菌的演化

人体是由 40 万亿～ 60 万亿（一说 100 万亿）个细胞组成的，它们属于真核细胞。而寄居在肠道中的菌群（称为肠道菌群）的细胞，大多是原核细胞。真核细胞中有成形的细胞核，细胞核中整齐地排列着 DNA；而原核细胞中却没有这样的细胞核，DNA 散乱地分布在细胞中。

地球上最早的生物就是原核细胞构成的。说明原核细胞向真核细胞演化的学说是内共生学说（下页图）。实际上还有另一种学说，只是近年来内共生学说比较权威。最古老的微生物，大约存在于 34 亿年前。

最原始的生物，以非生物的有机物为食，无法吸收、转化无机物。所以只有自身能把无机物转化成有机物和能量的生物生存了下来。其中，能进行光合作用的蓝细菌（旧称蓝藻）就利用足够的水分、光和二氧化碳，获得了成功。但是，它们身上却存在一种根本性的矛盾。

氧气对早期生物来说是有毒的，氧气越多，这些生物越不容易生存。但是，蓝细菌自身却能通过光合作用生成并释放氧气。蓝细菌生成的氧气不断增多，使得大气中的氧气含量从原来的约 0.00002% 变成了现在的约 21%。这一现象称得上是"地球上最大规模的污染"，大约发生在 25 亿年前。

全球规模的"超级公害"导致许多生物灭绝，最终出现了通过光合作用的逆过程——呼吸作用来反向利用氧气的细菌。该细菌能让有机物与氧气反应，生成二氧化碳和水，并产生大量的能量。

害怕氧气污染的原始生物需要与这种独特的呼吸细菌建立密切的共生关系。这样，被其他生物占为己有的好氧微生物就慢慢变成了线粒体。线粒体类似于发电厂，可以向整个细胞提供能量。类似地，可进行光合作用的生物在被一些生物吸收后变成了叶绿体。于是，原核细胞进入了真核细胞，与其建立了一种共生关系。

以上所述的内共生学说照理应该能解释拥有细胞核的细胞的起源，但它在重要的细胞问题上却没有给出充分的说明，这便是内共生学说的不足之处。

植物细胞

蓝细菌

叶绿体

动物细胞

核

好氧性细胞与宿主细胞共生，创造了具有线粒体的动物细胞和能与蓝细菌共生、具有叶绿体的植物细胞。

线粒体

细胞内共生

DNA

好氧性细胞

宿主细胞

DNA

好氧性细胞

内共生学说

内共生学说的提出者林恩·马古利斯

于 20 世纪 60 年代后期率先提出内共生学说的是著名的林恩·马古利斯，她也是著名天文学家、作家卡尔·萨根的第一任妻子。

为何地震后能立刻知道震源在哪儿
大森公式

可求出地震发生地到震源距离的 P 波和 S 波。

纵波和横波的区别

记录地面震动的装置，也就是地震仪，能在地震发生后立刻测出震源，主要依靠的是引发地震的波，它们主要分为两大类，即 P 波（纵波）和 S 波（横波）（下页图）。

P 波是纵波，P 波在传播时会让附近物体沿其传播方向重复进行压缩和膨胀运动，该波可以在固体、液体或气体中传播。

S 波是相对于 P 波传播方向横向振动的波，只能在固体中传播。液体和气体中没有抵抗横向位移的弹力，因此无法传播这种波的振动。

收集来自世界各地的地震仪的记录并了解地球内部，是 20 世纪的一项伟大工作。

我们重点聊一聊大森公式。这一公式是由日本的地震学开山鼻祖——大森房吉（1868—1923）提出的。通常来说，P 波的传播速度较快，所以地震开始时，先是 P 波以幅度较小的垂直运动进行传播，之后，S 波才以幅度较大的水平运动进行传播。

从 P 波振动到达的瞬间到 S 波振动到达的这段时间，与地震发生地到震源的距离成正比，如果知道 P 波和 S 波的速度，就可以求出这段距离。

除了与震源距离很近或者超过 1000 千米的情况，都可以利用大森公式准确地求出地震发生地到震源的距离。

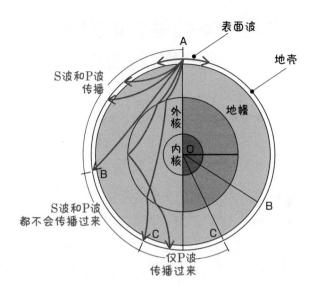

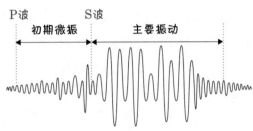

地震由两种主要振动构成，
最初是幅度较小的上下振动，
然后是幅度较大的左右振动。

P 波和 S 波从震源 A 开始在地球上传播的途径

大森公式

$$I = \frac{V_1 V_2}{V_1 - V_2} \cdot t$$

I：距震源的距离（千米）
V_1：P 波的平均速度
V_2：S 波的平均速度
t：P 波和 S 波到达的时间差

为何物体会笔直地掉下来
伽利略的相对性原理

从保持一定速度和方向运动的坐标系看运动的话，运动法则是一定的。

问题：往哪个方向跳？

在"激流勇进"游乐项目中，船从斜面上滑下来的那一瞬间，位于船头的人会起身往空中一跳，如下页图①所示，你认为他会往哪个方向跳呢？①前方；②后方；③笔直往上。答案会在之后揭晓。

这个问题与哥白尼的日心说在欧洲未被接受的原因之一密切相关。如果从塔上扔下一块石头，过段时间后石头才会落地。在这段时间内，假设地球是从西向东移动的话，那么即使笔直地扔下石头，它下落的方向也应该会向西偏。但是实际尝试时，石头总是笔直地掉落。也就是说，地球是在移动的这种话简直就是"胡说八道"。伽利略用"天文对话"反驳了这一观点（通过天文观测证实了"地动说"）。

如果我们从以恒定速度向一定方向行驶的船的桅杆处笔直地扔下一个物品，无论船是处于行驶状态还是静止状态，物品都会笔直地落下来（下页图②）。

如果我们在匀速行驶的火车内扔下手中的物品，那么这个物品会笔直地掉落，和火车处于静止状态时无异。这就是伽利略的相对性原理（下页图③）。

伽利略的相对性原理与爱因斯坦的相对论不同，但是他们在用相对性的框架思考物理定律这一点上却是相通的。这一方法始于伽利略，距今已有 400 年左右的时间了。

回到开头那个问题，正确答案当然是③。

斜抛滞空时间约为1.5秒
（斜抛运动）

70米

12°

这段时间内，船几乎匀速向右移动

图①　人会往哪个方向跳?

图②
如果在行驶的船上扔下物品，物品向什么方向落下?

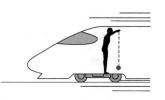

图③
如果在行驶的火车上扔下物品，物品向什么方向落下?

伽利略理论和牛顿理论的关系

伽利略发现了相对性原理及"自由落体定律"。而将伽利略的主要观点"外力作用下物体的运动规律"与惯性定律，以及哥白尼与开普勒的主要观点"天体运动定律"二者结合起来的，是牛顿力学。可以说，牛顿力学补充了伽利略的相对性原理。

苹果和月亮都会掉下来
万有引力定律

两个物体之间的引力 F 在二者之间相互作用着，F 的大小与它们质量 m_1、m_2 的乘积成正比，与它们距离 r 的平方成反比。

由掉落的苹果联想到月亮的牛顿

世界上最伟大的物理学家之一——艾萨克·牛顿（1643—1727）毕业于剑桥大学。1665 到 1666 年伦敦出现鼠疫，大学因而关闭，于是 1666 年他便回乡了。在回乡的这段时间里，他有了三大发现。这三大发现分别是利用棱镜的光谱分解、微积分、万有引力定律。

据说，从苹果掉落发现万有引力这一则有名的逸事是牛顿晚年的忘年之交——斯蒂克利从他那里听来的。

牛顿看到了从树上掉下来的苹果，并且把视线延展到了月亮上，产生了和苹果一样圆的月亮为什么不会掉下来的疑问。他认为月亮也在掉落，但是它掉落的同时也以恒定的速度在前进，所以月亮始终绕着一定的圆形轨道运行。

预知了人造卫星？！

牛顿用图画的形式对万有引力进行了说明。如果从高山上投下一个物体，它会直接往下掉。它水平方向上的速度越快，就会飞得越远，甚至可以绕着地球旋转。牛顿认为，它此时的运动，是一种类似圆周的运动。

牛顿当时可能就预言了后来发明的人造卫星，下页图为同步卫星受到的引力和运行轨道。

从月亮的绕圆形轨道的运动来看，两个物体间存在着一种相互吸引的力。牛顿深挖了这一想法，发现了引力定律。因为引力

与距离 r 的平方成反比，所以这一定律也是一种平方反比定律。

因为从地球上的物体到太阳系的行星，乃至银河系的天体这一定律都适用，所以它也被称为万有引力定律。

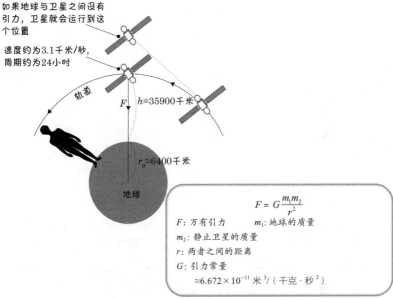

如果地球与卫星之间没有引力，卫星就会运行到这个位置

速度约为3.1千米/秒，周期约为24小时

轨道

F h=35900千米

r_0≈6400千米

地球

$$F = G\frac{m_1 m_2}{r^2}$$

F：万有引力 m_1：地球的质量
m_2：静止卫星的质量
r：两者之间的距离
G：引力常量
    ≈6.672×10^{-11} 米^3／（千克·秒^2）

同步卫星受到的引力和运行轨道

同步卫星的原理

同步卫星以和地球自转相同的速度和方向（自西向东）绕地球旋转。

用万有引力定律计算的话，它们几乎静止在赤道正上方约 35900 千米的轨道上。之后，人们还提出了在太空中吊一根"绳子"，制造宇宙电梯的设想。克拉克的《天堂的喷泉》[1]和谢菲尔德的《世界之间的网》[2]这两部科幻小说中，都完美地呈现了这一设想。

---

①《天堂的喷泉》讲述的是在两千年前，赤道附近的岛国塔普罗巴尼发生了一场血腥的宫廷政变，暴君卡利达萨借机上台。此人并不满足于人间的欢乐，他要在高山之巅建造"天国"，于是诞生了"天堂的喷泉"。两千年后，国王与帝国早已化为尘土，人类迈向了太空时代。为方便快捷地进入太空，工程师摩根要在"天堂的喷泉"旧址建造登天电梯，实现前人未能实现的梦想。但摩根要面对的，除了世俗舆论，还有无穷的技术困难。

②原著名为 *The Web Between the Worlds*。

拓展人类志向的大发现
哈勃定律

距离我们越远的星系，远离我们的速度越快。

宇宙在逐渐膨胀

哈勃（1889—1953）从芝加哥大学肄业，又结束了英国牛津大学的留学生涯后，开了一家律师事务所，不过这家律师事务所在成立的第二年就关门了。于是他又进入芝加哥大学的叶凯士天文台研究天文，后来接受海耳的邀请，进入威尔逊山天文台工作。

> **哈勃定律**
>
> $$v = H_0 D$$
> v：后退速度（千米／秒）
> D：距离（亿光年）
> H_0：哈勃常数

1924 年，哈勃有了一个伟大的发现。当时，天文学领域存在着很大的争议，当时的天文学家围绕"银河系是否是宇宙中唯一的星系""银河系以外是否存在其他的星系"这样的问题分为了两个派系。

哈勃在仙女座大星云中发现了造父变星，在对这些变星进行测算后他发现，这些变星和它们所在的星云距离地球 100 万光年。

银河系的直径为 10 万光年左右，所以仙女座大星云不可能存在于银河系之内，而是独立的一个星系，后来被称作仙女星系。

哈勃致力于测量星系到地球的距离，1929 年，他发现距离地球越远的星系，远离地球的速度越快。换言之，宇宙在不断膨胀。他是如何发现这一点的呢？

利用光的多普勒效应

氢是整个宇宙中最多的元素，利用棱镜等工具对光进行色散时，可以看到各种元素所特有的光谱。哈勃对来自银河的氢原子光谱的波长进行了调查，发现与地面实验室中相同氢原子发出的光相比，谱线会向波长更长的红色波段偏移，这一现象称为红移。当光源远离观察者时，波长会变长，这不正是多普勒效应吗？

从对距地球距离可知的星系的调查中可以发现，这些星系与地球所在的银河系的距离越远，远离地球的速度就越快（本页图）。

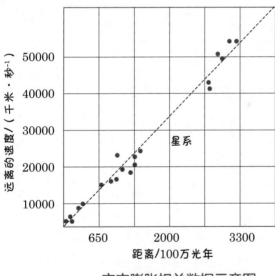

由该图可见，距离地球越远的星系（用一个个的黑点表示），远离地球的速度越快

宇宙膨胀相关数据示意图

大爆炸理论之父
宇宙大爆炸理论

在古生代晚期和中生代早期，地球上有一个超级大陆（称"泛大陆"或"联合古陆"），其分裂之后才逐渐变成了现在的一个个大陆。

"大爆炸理论之父"勒梅特的预言

世界上率先提出大爆炸理论（大爆炸宇宙论）的是比利时的天文学家乔治·勒梅特，他于1927年提出该理论。如今，他被称为"大爆炸理论之父"。但是，这一理论当时却被世人嗤之以鼻，因为他的论述仅以爱因斯坦的相对论为基础，并没有其他任何理论支撑。

1929年，哈勃发现了宇宙在膨胀，改变了人们对宇宙的认知。

后来，终于出现了一个愿意相信勒梅特预言的人，他就是乔治·伽莫夫（1904—1968）。他在1946年发展了大爆炸理论。但是伽莫夫等人提出的大爆炸理论的前提是假设时间能够倒流，而这不是通过计算得出的。

支撑大爆炸理论的决定性证据

早期高温宇宙的余波中有低温的热辐射（即大爆炸的余温），关于该如何对其进行测量这一问题，伽莫夫无法回答。

英国的天文学家兼科幻作家弗雷德·霍伊尔与另外两名学者合作，提出了稳恒态宇宙论，否定了大爆炸理论。

1965年，支撑大爆炸理论的决定性证据被人发现。贝尔电话实验室的卫星通信技术人员——彭齐亚斯和威尔逊曾致力于研究天空中的噪声，后来又进一步研究如何消除卫星通信电波中的噪声，当时他们注意到，这些噪声无论如何也消除不了。

而且，这些噪声来自各个方向。他们测量后发现，这些噪声的温度为 3 开（即 −270.15 摄氏度）。

二人前往附近的普林斯顿大学与相关研究人员讨论，推断这些噪声是宇宙大爆炸的余波，并发现了宇宙微波背景辐射（下图）。

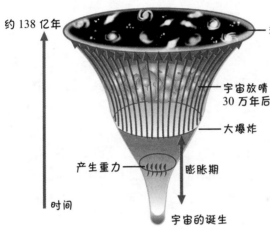

约 138 亿年

现在的宇宙

宇宙微波背景辐射是来自宇宙各个方向的微波电磁辐射，在波长为 1 毫米左右最强，光谱温度为 3 开（即 −270.15 摄氏度），是一种黑体辐射。这就可以解释为什么曾经那个密度大、温度高的宇宙在不断膨胀中，温度最终冷却到 3 开这一现象，这成了支撑宇宙大爆炸理论的决定性证据。

宇宙放晴 30 万年后

大爆炸

产生重力

膨胀期

时间

宇宙的诞生

从宇宙微波背景辐射看宇宙的起源

此时，"大爆炸理论之父"勒梅特已经 70 多岁了。作为这一理论的"父亲"，他终于在暮年得知了大爆炸理论被证实的消息。

彭齐亚斯和威尔逊二人也因此获得了 1978 年的诺贝尔物理学奖。

夸克相似只是偶然
盖尔－曼的夸克模型

质子、中子等粒子是由夸克组成的。

从粒子到夸克

首先请看下页图①"物质和生命的分级构造",从我们双眼可见的身体层面,到分子、原子层面,再到原子核和电子层面,甚至到质子、中子、介子等粒子(泛指比原子核小的物质单元)层面。如此下去,还能挖掘到更深的层面吗?这一问题在 20 世纪 70 年代中期之前,都处于激烈的争论中。

认为粒子是构成物质最小单元的是美国物理学家杰弗里·丘,他认为,在粒子以下没有层或所谓阶层。他试图建立这样一种理论,即粒子既是由自身,也是由几个彼此之间不会发生矛盾的粒子组成的。

与此相对,海森伯和汤川秀树把自然层面降低了一层。但是,坂田昌一的"无限层级理论"却很激进。他认为,物质层级没有止境,自然层面是无限地延续下去的。

支持坂田的一派是致力于引入新物质元素的革新派,而与其对立的保守派则是核民主派。

中国的物理学家们创造了层子模型。但是,坂田模型的改良并不基于层子模型,而是基于美国的默里·盖尔－曼(1929—2019)和乔治·茨威格提出的夸克模型(下页图②)。在夸克模型中,质子和中子等强子由 3 个夸克组成,介子由两个夸克组成。但是,长久以来,人们都对夸克持怀疑态度。1969 年,科学家在使用美国斯坦福大学的高速加速器进行质子与高速电子碰撞的实验中,确定了质子内部存在 3 个夸克。

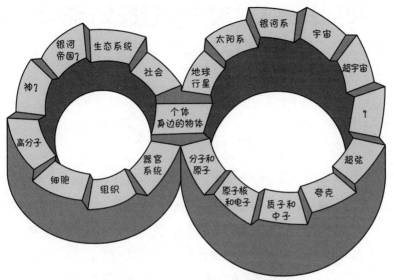

图① 物质和生命的分级构造

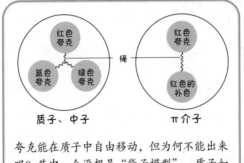

夸克能在质子中自由移动，但为何不能出来呢？其中一个设想是"袋子模型"。质子如同一个袋子，里面装着夸克，夸克虽然可以移动，但是却不能出来。

图② 夸克模型

想见到外星人，首先要延长文明的寿命
宇宙文明方程

> 宇宙文明方程是用来推测可能与我们接触的银河系内外星球高智慧文明的数量的公式，也称为德雷克公式或者格林班克公式。

地球上没有生命的存在？

宇宙文明方程仅适用于以"地球型"生命及文明建模的场景。另外，如下页表所示，卡尔·萨根提供的数字大部分只是假设，并没有被证实。特别是有生命产生和演化的行星比例（f_l）和科技文明社会的平均寿命（L）这两个数值引起了很大的争议。

一般情况下，天文学家们和萨根一样持乐观态度，认为生命的产生和演化是必然的，即将有生命产生和演化的行星比例（f_l）看作 1。但是生物学家却认为，20 多种氨基酸生成特定蛋白质的概率仅有 10 的几百次方分之一，而形成特定 DNA 序列的概率就更低了。更有人认为，它们被组合在一起作为生物生存的可能性几乎为 0。按照这个概率计算的话，自宇宙大爆炸以来，生命还没有经过其产生所需的时间，即地球上尚不存在生命。

最近的研究显示，下页表中的 $R \times f_p$ 约为 1，n=0.15 ~ 0.2。f_l 的数值尚在研究之中，但是为了回应人们研究的热忱，也为了表达对萨根的敬意，研究人员把这一数值定为 1。$f_i \times f_c$ 的数值受到了很大的关注，它无限接近于 0，暂且把它定为 k 吧。

如此一来，就形成了下页所示的最新的宇宙文明方程。

N 和 L 成正比，如果想要见到外星人，首先要增大 L 的数值。银河系内存在的文明数量越多，我们见到外星人的概率就越大。

宇宙文明方程

能计算到相邻外星文明的距离？！

$$N=R \times f_p \times n \times f_l \times f_i \times f_c \times L$$

符号	条件	萨根提供的数字	相关学科或领域
N	银河系内存在的文明数量	10^6	
R	银河系内一年里新诞生的恒星数	10	天体物理
f_p	恒星有行星系统的比例	1	
n	行星系统中有满足生命产生和演化条件的行星的概率	1	天文学、生物学
f_l	有生命产生和演化的行星比例	1	有机化学、生物化学
f_i	有生命产生和演化的行星中，演化出高智慧生物的概率	1	神经生理学、进化论
f_c	高智慧生物能够进行通信的概率	0.01	人类学、考古学历史学
L	科技文明社会的平均寿命	10^7	心理学、精神病理学历史学、物理学政治学、文明学

最新的宇宙文明方程：$N =（0.15 \sim 0.2）\times k \times L$

宇宙是为人类而存在的
人择原理

> 人类之所以存在于这个宇宙中，是因为人类拥有智慧，能解释宇宙的种种特性。

弱人择原理和强人择原理

自从意识到自己在这个世界上的存在以来，人类便是世界万物的中心。然而，自"哥白尼革命"之后，近代自然科学的成果表明，人类并不是宇宙中最特殊的存在。

首先，哥白尼的日心说指出，人类所居住的地球并不处于宇宙的中心；后来，太阳不是银河系的中心，银河系也不是全宇宙的中心的事实也被逐渐证明。

而且，有人还提出了这样的观点：宇宙在每个地方都是相同的，从任何地方的任一方向观察都是如此。

另外，生物分类学[①]和达尔文的进化论指出，在偌大的生物世界里，人类只是哺乳类生物中的一种。可以说，这一认知否定了旧人择原理。从 20 世纪后半叶开始，一些学者开始提倡新人择原理，给人一种复兴旧人择原理的感觉。

1961 年，罗伯特·迪克在英国的一本杂志上发表了一篇论文，提出了如今被称为弱人择原理的理论。他认为：虽然我们所在的位置并不是宇宙的中心，但我们作为观测者存在需要特定的物理、化学环境，在这方面我们却具有某种程度的优越地位。

1968 年，剑桥大学的布兰登·卡特提出了强人择原理。其主张

---

① 遵循一定的规则，把生物归纳整理为界、门、纲、目、科、属、种等的等级，是研究生物分类的方法和原理的生物学分支。

的是：为了使生命成为可能，宇宙中的许多基本常数必须控制在有限的范围内。换句话说，生命仅在某些特殊的宇宙中产生和演化。

下图是从人类对人择原理的认识逐步深入的角度审视的宇宙的过去和未来。

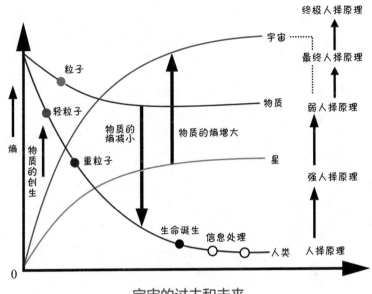

宇宙的过去和未来

新旧人择原理的区别

按照旧人择原理→宇宙原理→新人择原理的顺序，人择原理可以分为新旧两种类型，那么二者的区别是什么呢？

我认为它们的不同点在于：旧人择原理认为人类是这个宇宙中唯一存在的智慧；而新人择原理认为宇宙是因人类的存在而诞生的，人类并不是宇宙中特殊的存在，这些都基于宇宙原理。在地球以外的地方，也有和人类一样的智慧生命存在。

此外，宇宙中一定会产生包括人工智能在内的、能进行智能信息处理的存在。这不正是最终人择原理吗？